말하기 쉬운 한국어

新视线韩国语听说教程

4

第2版

成均馆大学成均语学院韩国语教材编委会 编

崔顺姬　乔文 译

北京语言大学出版社

BEIJING LANGUAGE AND CULTURE
UNIVERSITY PRESS

社图号 24032

말하기 쉬운 한국어 7 ~ 8（Easy to Speak Korean 7 ~ 8）
Copyright©Sungkyun Language Institute, 2007
First published in Korea in 2007 by Sungkyunkwan University Press
Simplified Chinese edition copyright©Beijing Language and Culture University Press, 2024
All rights reserved.
This Simplified Chinese edition published by arrangement with Sungkyunkwan University Press
through Shinwon Agency Co., Seoul.
此版本仅限在中华人民共和国境内销售。

北京市版权局著作权合同登记图字 01-2024-0610 号

图书在版编目（CIP）数据

新视线韩国语听说教程 . 4/ 韩国成均馆大学成均语
学院韩国语教材编委会编；崔顺姬，乔文译 . —2 版
. —北京：北京语言大学出版社，2024.6
ISBN 978-7-5619-6530-6

Ⅰ . ①新… Ⅱ . ①韩… ②崔… ③乔… Ⅲ . ①朝鲜语
－听说教学－教材 Ⅳ . ① H559.4

中国国家版本馆 CIP 数据核字（2024）第 077776 号

新视线韩国语听说教程 4（第 2 版）

XIN SHIXIAN HANGUOYU TING-SHUO JIAOCHENG 4(DI 2 BAN)

排版制作：北京宏森哥特商贸有限公司
责任编辑：刘　茜
责任印制：周　燚

出版发行：北京语言大学出版社
社　　址：北京市海淀区学院路 15 号，100083
网　　址：www.blcup.com
电子信箱：service@blcup.com
电　　话：编辑部　　8610-82300087/0358/1019
　　　　　国内发行　8610-82303650/3591/3648
　　　　　北语书店　8610-82303653
　　　　　网购咨询　8610-82303908
印　　刷：北京鑫丰华彩印有限公司
版　　次：2008 年 12 月第 1 版
　　　　　2024 年 6 月第 2 版
印　　次：2024 年 6 月第 1 次印刷
印　　张：12.75
开　　本：787 毫米 × 1092 毫米　1/16
字　　数：203 千字
定　　价：69.00 元

PRINTED IN CHINA
凡有印装质量问题，本社负责调换。售后 QQ 号 1367565611，电话 010-82303590。

序　言

　　近些年来，韩国语教育备受关注，它不仅为全球化贡献了自己的一份力量，同时也在质和量两方面都取得了令人瞩目的发展。在这样的环境中，我们成均语学院也在不断进步。为了让人们继续保持对韩国语教育的关注和热情，仍然需要社会各个领域的共同努力。我们不能满足于单纯追求量的扩大，而应努力使韩国语教育符合各类学习者的要求，努力提供有针对性的教育。

　　为了开展科学、实用的韩国语教育，成均语学院一直致力于研发能够切实满足韩国语学习者需要的教材。教材应该随着学习者学习需求与学习目的的转变而不断改进。与以往不同的是，目前韩国语学习者的水平参差不齐，每一个学习者的学习目标又相当具体。因此我们应积极调整教学内容与方式，以适应每个学习者的不同需求。

　　《新视线韩国语听说教程》是一套以会话为中心的听说教材，共分四册，每册分为两个教学阶段。本套教材的特色在于采取了以会话和活动为主的"学习者中心教学法"。目前，语言学习在全世界范围内都呈现出了以会话学习为中心、追求会话现场性和实用性的趋势。此外，教材的每一个单元主题都体现了针对性、趣味性和实用性，各板块的设置也会使教学过程更加趣味盎然。

　　本套教材的编写者主要由成均语学院的现任教师组成，每一位编者都是国语国文学专业出身，确保了教材的专业性；同时又都具有多年在国外一流大学从事韩国语教学的宝贵经历，积累了丰富的教学及教材研发经验。《新视线韩国语听说教程》是一套深受广大学习者喜爱、专业性很强的优秀教材。

　　真诚地希望本套教材能够为中国的韩国语学习者提高韩国语水平提供实质性的帮助。

　　最后，再次向在教材出版过程中给予我们无私帮助的成均语学院曹升铉室长和赵庸佑先生，以及付出艰辛劳动的成均馆大学出版社的各位工作人员表示感谢。

成均语学院院长　　　　　（洪德善）

使用说明

　　本教材以学习韩国语的外国人为对象，以会话为中心编写而成，以期更有效地训练学习者的听说能力。全套共四册，本书是第四册。在编写时，考虑到学习者可能会遇到的情况，通过场景设计等方式，提高了教材内容的现场真实性，力求使学习者能够在相应的场景下独立完成对话。本教材的教学重点是听力和会话。使用教材提供的材料反复训练、学习者之间进行互动训练以及利用补充材料进行强化训练，可以帮助学习者以多种方式主动参与，并逐步培养学习兴趣。

　　本册由12个单元构成，每个单元分为两部分，授课时间共计100学时。每个单元分为"导入""会话导入""听力练习""对话"和"对话练习"等几个部分。

　　"导入"部分通过让学习者熟悉对话场景并准备一些必要的知识，让学习者独立思考本单元即将要学习的主题，做好学习前的准备。

　　"会话导入"部分通过情景提示或图片给出与对话内容相关的单词与习惯表达，引导学习者自然而然地进入到下面的对话。

　　"听力练习"部分是与课文主题相关的扩展内容，可以进一步巩固学过的单词及习惯表达。本部分配有音频，学习者可以根据序号听取对应音频。

　　"对话"部分是与课文主题相关的场景对话。我们在教学实践中发现：与初级学习者不同，中级学习者可能会忽视自身水平的提高而更倾向于使用简单的词句，所以本部分旨在让学习者能够使用中级水平的词句表达自身想法。

　　"对话练习"部分旨在引导学习者与学习者或学习者与教师之间针对不同主题进行自由对话，加强学习效果，提高处理具体语言环境的能力。

　　此外，教材最后还附上了听力文本和课文译文等参考资料，可供随时翻阅，便于学习者自学。

目 录

홍길동젼 권지단

화셜 됴션국 셰종됴 시졀의 흔 ᄌᆡ샹이 이시니 셩
은 홍이오 명은 모라 ᄃᆡ々 명문거죡으로 쇼년등과
ᄒᆞ여 벼슬이 니죠판셔의 니ᄅᆞ미 물망이 됴야의 읏
듬이오 츙효겸비ᄒᆞ기로 일홈이 일국의 진동ᄒᆞ더
라 일즉 두 아들을 두어시니 일ᄌᆞ는 일홈이 인형이
니 뎡실 뉴시 소ᄉᆡᆼ이오 일ᄌᆞ는 일홈이 길동이니셔
비 츈셤의 소ᄉᆡᆼ이라 션시의 공이 길동을 나흘ᄯᆡ의
일몽을 어드니 믄득 뇌졍벽녁이 진동ᄒᆞ며 쳥룡이
슈염을 거ᄉᆞ리고 공의게 향ᄒᆞ여 달녀들거ᄂᆞᆯ
ᄭᆡ다르니 일쟝 츈몽이라 심즁의 ᄃᆡ희ᄒᆞ여 샹각ᄒᆞ
되 ᄂᆡ이졔 룡몽을 어더시니 반ᄃᆞ시 귀흔ᄌᆞ식을 나
흐리라 ᄒᆞ고 즉시 ᄂᆡ당으로 드러가니 부인 뉴시니
러 맛 거들 공이 흔연이 그 옥슈를 잇ᄭᅳ러 졍이 친압

말하기 쉬운 한국어

B3

新视线韩国语听说教程

教材构成

单元主题	功能	语法与表达	听力	活动
1 저는 활발한 편이에요 我比较活泼	• 描述自己的性格	• -(이)어서 그런가 보다 • -(으)ㄴ/는 척하다	• 求职面试中的自我介绍 • 入职后的自我介绍	• 说说自己的性格与形成原因 • 描述他人的性格
2 우린 너무 다른 것 같아요 我们好像很不一样	• 描述男女之间的差异 • 讨论因男女差异而产生的问题	• -어/아 보지 그러세요 • -와/과 달리	• 咨询	• 讨论男女差异 • 描述自己的烦恼
3 결혼은 꼭 해야 하나요? 一定要结婚吗?	• 说说自己对于结婚的看法	• -도록 하다 • -다고요	• 有关韩国未婚男女婚姻观的新闻 • 有关婚姻的咨询	• 作为婚介公司的红娘,为合适的男女牵线搭桥 • 讨论婚姻中出现的问题
4 이 일이 적성에 맞으세요? 这份工作适合你吗?	• 说说自己的职业观和不同国家的职业偏好	• -더라고요 • -이라던데 (-이라고 하던데)	• 有关男女各自所青睐职业的新闻	• 讨论职业观 • 制订创业计划,招聘员工和做宣传
5 나라마다 문화가 다양하네요 每个国家的文化都不一样	• 说说自己对韩国文化的看法 • 说说文化差异	• -다가 보면 • -기도 하다	• 针对外国人的问卷调查 • 理解因差异而产生的尴尬和不同	• 讲讲"文化冲击" • 说说自己对各国文化的看法
6 한국 사람의 생각이 궁금해요 我很想知道韩国人的想法	• 制作调查问卷 • 公布调查结果	• -을/를 대상으로 조사하다 • -(으)ㄴ/는 것으로 나타나다	• 问卷调查的意义 • 针对肥胖的问卷调查	• 采访韩国人 • 公布调查结果

목 차

韩国古代小说《沈清传（심청전）》开头部分

저는 활발한 편이에요

我比较活泼

● 여러분은 어떤 성격을 가지고 있습니까?

你是什么样的人?

● 자신의 성격은 무엇의 영향을 가장 많이 받았다고 생각합니까?

你认为你的性格受什么影响最大?

▷ 여러분은 어떤 성격을 가지고 있습니까? 자신의 성격을 한국어로는 어떻게 말하면 좋을까요? 우리반 친구들과 이야기해 봅시다.

你是什么性格? 如何用韩国语描述自己的性格? 请和同学一起讨论。

1. 주말에 가만히 집에 있는 것을 좋아하는 편이에요?

你喜欢周末待在家里吗?

네 ⟶ 얌전하다 ☐

아니요 ⟶ 활동적이다 ☐

2. 할인마트나 시장에 장을 보러 갈 때 살 물건을 미리 메모해요?

购物前, 你会先列好购物清单吗?

네 ⟶ 꼼꼼하다 ☐

아니요 ⟶ 덜렁대다 ☐

3. 처음 만난 사람과도 쉽게 이야기할 수 있어요?

你能和初次见面的人谈笑风生吗?

네 ⟶ 사교적이다 ☐

아니요 ⟶ 낯을 가리다 ☐

4. 꼭 필요한 말만 하는 편이에요?

你会只说不得不说的话吗?

네 ⟶ 조용하다 ☐

아니요 ⟶ 활발하다 ☐

5. 친구들에게 자신이 생각하고 있는 것을 다 말하는 편이에요?

你会把自己的想法毫无保留地告诉朋友吗?

네 ⟶ 외향적이다 ☐

아니요 ⟶ 내성적이다 ☐

6. 하고 싶은 일이 있을 때 친구에게 하자고 이야기하는 편이에요?

当你想做一件事时，会和朋友一起吗？

네   ⟶   적극적이다 ☐

아니요   ⟶   소극적이다 ☐

7. 같이 있는 사람들과 잘 지내는 편이에요?

你和周围的人相处融洽吗？

네   ⟶   원만하다 ☐

아니요   ⟶   모나다 ☐

8. 선물은 꽃보다는 실용적인 것이 좋다고 생각하는 편이에요?

你认为实用的礼物比鲜花更好吗？

네   ⟶   현실적이다 ☐

아니요   ⟶   낭만적이다 ☐

9. 기다리는 것을 잘 참는 편이에요?

你能等待较长时间吗？

네   ⟶   느긋하다 ☐

아니요   ⟶   급하다 ☐

10. 한 가지 일을 시작하면 끝까지 끝내는 편이에요?

一旦开始做某件事，你会坚持到最后吗？

네   ⟶   끈기 있다 ☐

아니요   ⟶   싫증을 쉽게 내다 ☐

발표 　내 짝의 성격을 다른 사람에게 이야기해 주세요.

请向别人描述同学的性格。

◯◯◯　씨의 성격은　◯◯◯　(으)ㄴ/는 걸 보니까

◯◯◯　(으)ㄴ/는 것 같아요.

친구의 성격에 대해 이야기하고 있습니다. 우리도
다른 친구의 성격에 대해 말해 보고, 왜 그렇게
생각했는지 이야기해 봅시다.

로 라 　사치코 씨, 토마스 씨는 어떤 사람
　　　　이에요?

사치코 　왜요? 무슨 일 있었어요?

로 라 　어제 도서관에 가다가 만났는데 모
　　　　르는 척하지, 뭐예요. 저는 웃으면
　　　　서 손을 흔들었는데…….

사치코 　아, 길에서 만났을 때요? 토마스 씨
　　　　가 부끄러워서 그랬나 봐요.

로 라 　수업 시간에 발표도 잘하고 선생님
　　　　께 질문도 잘해서 저는 활발한 성
　　　　격인 줄 알았어요.

사치코 　수업 시간에는 적극적인 편인데 대
　　　　인 관계는 그렇게 적극적인 편이
　　　　아니에요. 낯을 가리는 편이죠.

로 라 　그럼, 아는 척하기 전에 먼저 친해
　　　　져야겠군요.

● -(이)어서 그런가 보다

가 샤오징 씨는 아침마다 친구들에게
　　먹을 것을 나눠 줘요.

나 정이 많아서 그런가 봐요.

가 토미 씨는 매일 학교에 5분씩 늦게
　　와요.

나 ＿＿＿＿＿＿＿＿＿＿.

● -(으)ㄴ/는 척하다

가 아까 점심을 먹었는데 여자 친구가
　　밥 먹자고 하는데 어떡하지?

나 할 수 없지, 안 먹은 척하고 또
　　먹어야지.

대인관계
활발하다
손을 흔들다
내성적이다
적극적이다
낯을 가리다

1. 우리반 친구들의 성격에 대해 이야기해 봅시다.

　请说一说班上同学的性格。

2. 서로 반대의 어미를 가지는 것과 연결해 보세요. 连接反义词。

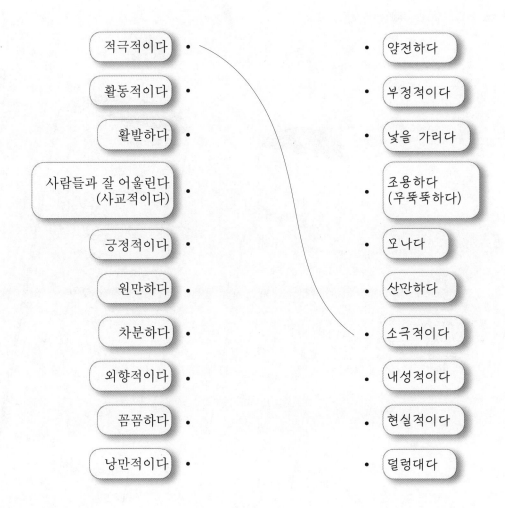

적극적이다 •

활동적이다 •

활발하다 •

사람들과 잘 어울린다
(사교적이다) •

긍정적이다 •

원만하다 •

차분하다 •

외향적이다 •

꼼꼼하다 •

낭만적이다 •

• 얌전하다

• 부정적이다

• 낯을 가리다

• 조용하다
(무뚝뚝하다)

• 모나다

• 산만하다

• 소극적이다

• 내성적이다

• 현실적이다

• 덜렁대다

얌전하다
차분하다

덜렁대다
활발하다

점잖다
무뚝뚝하다

3. 여러분은 어떤 성격을 가지고 있습니까? 그 성격은 어디에서 영향을 받았다고 생각합니까?

你的性格如何？你认为你的性格受到了什么影响？

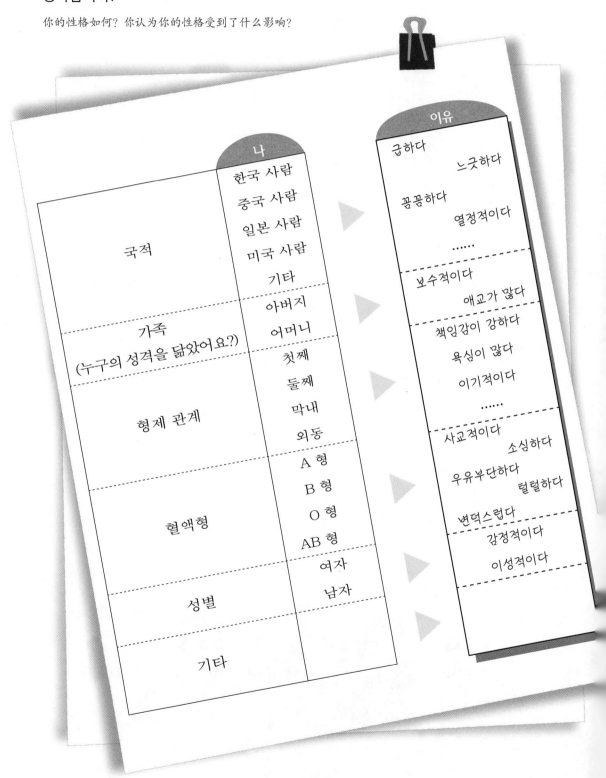

(1) 위에 서로 연결된 것이 맞다고 생각합니까?

你认为上面的关系正确吗?

---

(2) 자신의 성격은 무엇의 영향을 가장 많이 받았다고 생각합니까?

你认为自己的性格受什么影响最大?

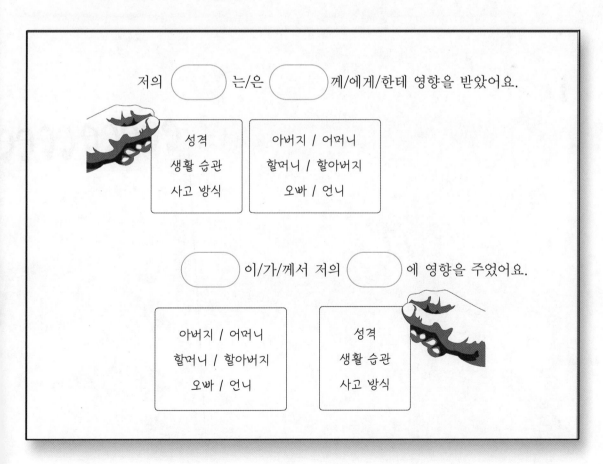

저의 ◯ 는/은 ◯ 께/에게/한테 영향을 받았어요.

성격	아버지 / 어머니
생활 습관	할머니 / 할아버지
사고 방식	오빠 / 언니

◯ 이/가/께서 저의 ◯ 에 영향을 주었어요.

아버지 / 어머니	성격
할머니 / 할아버지	생활 습관
오빠 / 언니	사고 방식

 B3-02

다음은 어느 회사의 면접에서 자기소개를 하는 내용입니다.
잘 듣고 답하세요.

下面是某公司面试时的自我介绍，请听录音并回答问题。

1. 이 사람은 어떤 성격을 가지고 있습니까?

这个人性格怎么样?

① 막내라서 그런지 활발하다.
② 장남이라서 그런지 책임감이 강하다.
③ 성격이 느긋한 편이다.
④ 할 일을 미루는 편이다.

2. 이 사람의 장래 희망은 무엇입니까?

这个人的理想是什么?

① 사업가   ② 회사원
③ 엔지니어   ④ 디자이너

3. 이 사람에 대한 설명 중 맞지 않는 것은 무엇입니까?

下面哪一项不是这个人的特征?

① 키가 크다   ② 형제가 3명이다
③ 성격이 좀 급하다   ④ 부지런하다

4. '작은 고추가 맵다'는 속담이 나오는데 그
의미는 무엇입니까?

"作은 고추가 맵다"是什么意思?

① 크기가 작은 고추는 정말 맵다.
② 키가 작은 사람이 일을 더 잘한다.
③ 실력이 있는 사람은 고추 같다.
④ 키가 큰 사람은 부지런하다.

▷ 다음 사물과 관련된 표현을 찾아보고
뜻이 무엇인지 이야기해 봅시다.

여우같다

작은 고추가 맵다

-와/과 붕어빵이다

황소 고집이다

함께 이야기해 봅시다

1. 여러분은 새 학기에 처음 만난 친구들에게 자신을 소개하려고 합니다. 무엇에 대해
   이야기하고 싶은지 간단하게 메모하고 소개해 보세요.

   你想向新学期初次见面的同学们介绍自己，请简要写出自己想说的内容，然后向大家介绍自己。

들어가는 말 (인사, 이름)

1

본론 (성격, 취미 등)

2

끝내는 말 (인사)

3

2. 자신의 성격에 대해 정리하여 말해 보십시오.

   请说一说自己的性格。

   (1) 여러분이 가장 좋아하는 성격과 싫어하는 성격은 무엇입니까?

   你最喜欢哪种性格？最讨厌哪种性格？

   _____ , _____

   (2) 자신의 성격 중에 바꾸고 싶은 것은 무엇입니까? 왜 바꾸고 싶습니까?

   你想改变自己性格中的哪一部分？为什么？

   _____ , _____

3. 입학 시험이나 입사 시험에서 자기소개를 하려고 합니다.
   먼저 꼭 하고 싶은 말을 메모한 후에 정중하게 소개해
   보세요.

   如果要在入学或面试中介绍自己，请先列出提纲，然后介绍自己。

출생 및 성장 과정/가족/학창 시절

1

취미/성격(장점/단점)/특기

2

전공(입학)/경력 사항(입사)

3

지원 동기

4

입사/입학 후 포부

5

최선을 다해   겠습니다.

▷ 함께 일하게 되는 사람과의 첫 만남입니다. 잘 듣고 물음에 답하세요.
这是你和同事的初次见面，请听录音并回答问题。

1. 영호에 대해 알 수 있는 것이 아닌 것은 무엇입니까?
   我们无法了解英浩的哪一项？
   ① 외모　　　　　② 성격　　　　③ 일한 경력
   ④ 가족 관계　　　⑤ 수상 경력

2. 영호의 직업은 무엇입니까?
   英浩是做什么工作的？
   ① 헤어디자이너　② 웹 디자이너　③ 공무원
   ④ 농부　　　　　⑤ 대학생

3. 영호가 상을 받은 이유는 무엇입니까?
   英浩为什么会拿奖？
   ① 회사 일에 흥미를 느껴서
   ② 성격이 적극적인 편이라서
   ③ 자유롭게 일해서
   ④ 좋은 회사에 다녀서

4. 다음 문장의 빈칸을 채우십시오.
   完成下列句子。
   ① 저도 귀사의 웹 디자인을_____무척 기대됩니다.
   ② 좋은 회사이긴 하지만 저의 능력을_____
      한계가 있었습니다.

▷ 다른 친구가 쓴 자기소개서입니다. 잘 읽어 보고 이 사람은 어떤 사람인지 말해 봅시다.
下面是别人写的自我介绍，请在阅读后说一说他/她是个什么样的人。

(1) 성장 과정

저는 20××년 4월 20일에 전라남도 나주에서 1남 2녀 중 막내로 태어났습니다. 아버지께서는 '노력 없이는 아무 것도 얻을 수 없다'라는 가훈 아래 저희를 키우셨고, 어머니께서는 항상 저희를 이해해 주려고 노력하셨습니다. 대화를 많이 하기 위해 1주일에 한 번은 가족 회의를 했습니다. 어머니와 아버지는 가족의 소중함과 사랑을 베풀 줄 아는 마음을 일깨워 주신 분들입니다.

(2) 성격 소개

저는 조용해서 남의 눈에 띄지 않고 뒤에서 노력하는 내성적인 성격을 가지고 있습니다. 그래서 처음에는 어울리기 힘든 단점이 있지만 그와 반대로 남의 고민을 잘 들어주기 때문에 마음을 열고 의논하는 친구들이 많습니다. 그리고 맡은 일에는 끝까지 최선을 다하려고 노력하는 성격입니다.

(3) 생활 신조

'모든 일에 자신을 갖고 열심히 하자'입니다. 자신이 없는 사람은 무슨 일을 하더라도 소심해질 것입니다. 전 저에게 맡겨진 일이 아무리 힘들더라도 할 수 있다는 자신감과 그 자신감을 뒷받침할 수 있는 부지런함이 있습니다.

(4) 학교 생활 및 교우 관계

활동하기를 좋아하는 저는 운동을 아주 좋아해서 교우들과 자주 모이는 자리를 갖습니다. 사람은 혼자서는 살 수 없는 사회적 동물이기 때문에 전 여러 분야의 친구들을 사귀려고 노력합니다.

(5) 특기 및 취미

저는 어렸을 때부터 태권도를 하였습니다. 처음엔 내성적인 성격 때문에 시작하였는데, 여러 번의 승급 심사와 대회에 참가하면서 태권도에 푹 빠지게 되었습니다. 여러 사범님들과 후배들과의 단체 생활은 저의 마음을 넓게 하였습니다. 전 어떠한 어려운 사항이 닥치더라도 어렸을 때부터 키운 자신감으로 헤쳐 나갈 자신이 있습니다.

우린 너무 다른 것 같아요
我们好像很不一样

● 남자와 여자는 무엇이 다릅니까?

　　男女有何不同?

● 남자와 여자의 차이는 무엇 때문에 생긴다고 생각합니까?

　　你认为男女之间的差异因何而生?

1. 여러분은 어떤 남자나 여자를 볼 때 '멋있다', '예쁘다(아름답다)'고 생각합니까?

   你认为什么样的男人或女人称得上"帅"或"漂亮"？

남자가 볼 때 멋있는 남자	남자가 볼 때 예쁜 여자

여자가 볼 때 멋있는 남자	여자가 볼 때 예쁜 여자

2. 여러분이 생각하는 남자다운 모습과 여자다운 모습은 어떤 것들이 있습니까?

   你认为什么样才算是有男人味或有女人味？

얌전하다

씩씩하다

1. 다음은 남자와 여자의 특성입니다. 남자의 특성이라고 생각하면 '남', 여자의 특성이라고 생각하면 '여', 개인의 차이라고 생각하면 '개인'이라고 쓰고 왜 그런지 이야기해 보세요.

下面列出了一些男性和女性的特点。你觉得是男性特点的, 请在括号中写"남"; 觉得是女性特点的, 请在括号中写"여"; 认为是个人差异的, 请在括号中写"개인"。写完后, 请说一说理由。

① 다른 사람의 이야기를 잘 듣는다. ( )

② 주차를 잘한다. ( )

③ 외모에 신경을 많이 쓴다. ( )

④ 스포츠를 좋아한다. ( )

⑤ 오랫동안 쇼핑할 수 있다. ( )

⑥ 물건을 잘 찾는다. ( )

⑦ 지도를 보고 길을 잘 찾는다. ( )

⑧ 드라마를 보면서 잘 운다. ( )

⑨ 벌레를 무서워한다. ( )

⑩ 수학을 잘한다. ( )

(1) 왜 그렇게 생각합니까?

你为什么这么认为?

(2) 이 밖에도 남자와 여자의 차이를 알 수 있는 것에는 어떤 것이 있습니까?

除此之外, 男女之间的差别还体现在哪些方面?

(3) 남자와 여자가 가장 다르다고 생각하는 것은 무엇입니까?

你认为男性和女性最大的不同是什么?

2. 여러분은 이성 친구가 이해가 안 될 때가 있습니까? 언제 그렇습니까?

你有没有无法理解异性朋友的时候? 什么时候会这样?

> 전 남자들이 왜 그렇게 컴퓨터 게임을 좋아하는지 이해할 수 없어요

> 전 여자들이 왜 그렇게 오랫동안 수다를 떠는지 이해할 수 없어요

남자가 가장 이해 안 될 때		여자가 가장 이해 안 될 때
	1	주변에서 생긴 이야기를 하나하나 다 이야기 할 때
가족, 애인보다 친구와의 우정을 더 중요하게 생각할 때	2	상대방이 다 이해해 주길 바랄 때
	3	
다른 사람보다 강해 보이려고 할 때	4	
혼자 고민을 해결하려고 할 때	5	밥 값보다 비싼 커피를 마실 때
	6	
	7	모든 것을 다 알려고 할 때
무뚝뚝한 것이 자신의 매력이라고 할 때	8	전화 통화를 오래하거나 자주 할 때

3. 자신이 경험한 것을 예를 들어 이야기해 보세요.

请举例说明你的亲身经历。

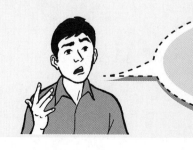

> 여자들은 모든 것을 다 알려고 해요. 이메일이나 휴대전화의 비밀번호도 궁금해 하고 오늘 누구와 만났는지 친구의 이름까지 물어봐요.

▷ 다음은 두 사람의 대화 내용입니다. 잘 듣고 다음의 질문에 답하세요.
下面是两个人的对话，请听录音后回答问题。

1. 두 사람이 싸우는 이유는 무엇입니까?
  这两个人为什么吵架?

  ① 남자가 여자와의 약속 시간에 늦어서
  ② 남자가 여자보다 운전을 잘 못해서
  ③ 남자가 여자에게 화를 내서
  ④ 여자와 남자의 사고방식이 달라서

2. 듣기 내용에서 알 수 있는 남자와 여자의 차이점을 잘 설명한 것은 무엇 입니까?
  下面哪一项可以概括出录音中男性与女性的差异?

  ① 여자는 동시에 여러 가지 일을 하지만 남자는 할 수 없다.
  ② 여자는 남자보다 운전을 잘 못한다.
  ③ 여자는 문제가 생기면 즉시 주위 사람과 상의를 하지만
    남자는 스스로 해결하려고 한다.
  ④ 남자는 여자보다 꼼꼼하게 일을 계획할 수 없다.

3. 여러분이 두 사람의 상담자라면 어떻게 조언을 해 주겠습니까?
  如果你是这两个人的调解员，你会如何劝解?

남자에게

여자에게

2-2 제가 너무 제 생각만 했군요
我太自私了

남자와 여자가 싸운 후 상담을 하고자 합니다. 남녀는 왜 싸우게 되었습니까? 이런 상황이라면 당신은 어떻게 조언하겠습니까?

상담자 여자들은 정말 이해할 수가 없어요.

상담원 무슨 일인지 자세히 말씀해 주시겠습니까?

상담자 제 아내는 주말에 백화점에 가면 하루 종일 쇼핑을 해요. 저는 따라다니는 것도 힘든데 말이에요. 주말은 저도 쉬고 싶어요. 아내는 저를 배려하는 마음이 없어요.

상담원 주말에 휴식이 필요한 것에 대해 이야기해 보지 그러세요.

상담자 여러 번 말했지만 소용이 없어요.

상담원 여자는 남자와 달리 쇼핑의 목적이 물건을 사는 데만 있지 않아요. 여자는 남편과 쇼핑을 하는 것을 데이트라고 생각하지요.

상담자 그러면 어떻게 하면 좋을까요?

상담원 아시다시피 여자들은 남자에 비해 밖에서 활동하는 시간이 적기 때문에 주말에도 집안에만 있는 것을 답답해합니다.

상담자 제가 너무 제 생각만 했군요. 아내와 대화를 해 봐야겠어요.

문법

● -어/아 보지 그러세요

가 김치는 너무 매울 것 같아요.

나 맵지만 보기와 달리 맛있어요. 한번 _____

가 기회가 되면 먹어 볼게요.

● -와/과 달리

가 일본 사람들도 매운 음식을 잘 먹나요?

나 일본 사람은 한국 사람과 달리 매운 음식을 잘 먹지 못해요.

어휘

상담을 하다
조언하다
배려하다
소용이 없다
아시다시피
답답하다
따라다니다

1. 다음 상황과 같은 문제로 여러분이 상담자를 찾아가 보세요. 그리고 함께 상담을 해 보세요.

   假如你遇到了下图中的情况，请和咨询师沟通并一起解决问题。

1
남 아직도 멀었어?
여 아무리 찾아도 마음에 드는 가방이 없어.
남 벌써 3시간째야.
여 오늘 가방 꼭 사야 한단 말이야.

2
여 나 사랑해?
남 그걸 꼭 말로 표현해야 알아?
　 아니면 내가 왜 여기에 있겠어?
여 그래도 난 꼭 듣고 싶어.

3
남 나 샤워 다 했어. 이제 누나 써도 돼.
여 뭐야 이게!
남 왜? 뭐가 문제인데?
여 도대체 몇 번째야!
　 내가 샤워한 후에는 잘 정리하고
　 나오라고 했잖아.

2. 여러분에게 가장 도움이 된다고 생각한 조언은 무엇입니까?

   你认为什么样的建议对你最有用？

3. 다음을 보고 함께 이야기해 봅시다. 请看图练习对话。

(1) 최근에는 남녀의 차이가 과거에 비해 줄어들고 있습니다. 그 이유는 무엇이라고 생각합니까?

与过去相比，现在两性之间的差别已经大大缩小，你认为这是为什么？

역할?   직업?   외모?   ?   성격?

(2) 여자와 남자는 왜 차이가 생겼다고 생각합니까?

你认为男女之间为什么会产生差异？

태어날 때부터 다르다.
(선천적으로 타고났다.)

자라면서 달라진다.
(후천적으로 만들어졌다.)

▷ 다음은 라디오 상담 내용입니다. 잘 듣고 질문에 답하세요.
下面是一个咨询类广播节目，请听录音并回答问题。

1. 첫 번째 어머니의 고민과 두 번째 어머니의 고민을 바르게 연결한 것은 무엇입니까?
下面哪一项是两位母亲的烦恼？

   ① 과학을 못하는 딸 — 집 밖에서만 노는 걸 좋아하는 아들
   ② 남자 아이 같은 딸 — 수학을 못하는 아들
   ③ 공부를 못하는 딸 — 파란색을 좋아하는 아들
   ④ 수학을 못하는 딸 — 여성스러운 옷을 좋아하는 아들

2. 전문가가 말하는 '고정관념'의 예입니다. 빈칸에 알맞은 말을 넣으세요.
下面是专家关于"固有观念"举的一个例子，请在空格处填上正确的答案。

> 캐나다의 한 대학교 실험에서 '여자는 (   )을
> 못한다'고 믿은 학생의 성적이 '여자와 남자의 능력 차이가 없다'고
> 믿은 학생들에 비해 (   ).

3. 다음 중 들은 내용과 맞지 않는 것은 무엇입니까?
下面哪一项与所听内容不符？

   ① 고정관념을 가지면 그것이 진짜인 것처럼 된다.
   ② 부모들은 아들은 남자답게, 딸은 여자답게 키워야 한다.
   ③ 고정관념을 가진 여학생들의 성적이 그렇지 않은 여학생들에 비해 낮았다.
   ④ 부모의 고정관념에 따라 자녀를 키우면 다양성에 문제가 생길 수 있다.

4. 상담 후 두 상담자가 자녀에게 할 행동을 말해 봅시다.
请说一说两位母亲接下来将会做什么。

   첫 번째 상담자 _____
   두 번째 상담자 _____

5. 만약 여러분이 상담원이라면 다음 상황에서 어떻게 조언하겠습니까?
如果你是咨询师，面对下列情况，你会给予什么样的建议？

> 우리 아이는 6살 여자 아이인데 사람들이 다 남자 아이인 줄 알아요. 항상 바지만 입으려 하고 로봇과 자동차, 칼과 같은 남자 아이들이 가지고 노는 장난감만 좋아해요. 친구들도 다 남자 아이뿐이에요. 여자 아이들이 좋아하는 인형 놀이 같은 것은 전혀 하지 않아요. 곧 학교에 들어갈 텐데 계속 남자처럼 행동할까 봐 걱정입니다.

한 여자가 주유소에 들어와서 길을 물었습니다. 그리고 잠시 후에 한 남자가 주유소에 들어와서 길을 물었습니다. 주유소에서 길을 물은 것은 남녀가 같지만 그 과정은 조금 달랐습니다. 다음 중 어떤 것이 남자이고 어떤 것이 여자일까요? 그렇게 생각한 이유는 무엇입니까?

기름이 남았지만 주유소에 온 사람

기름이 다 떨어진 후 주유소에 온 사람

결혼은 꼭 해야 하나요?

一定要结婚吗?

● 어떤 상품을 광고하는 것일까요?

　这是什么商品的广告?

● 광고에서 나온 '낭만은 짧고 생활은 길다'는 말은 어떤 뜻일까요?

　广告中出现的"浪漫很短, 生活很长"是什么意思?

3-1 결혼은 필수일까요? 선택일까요?
婚姻是必选项，还是可选项?

▷ **여러분은 결혼에 대해 어떤 생각을 가지고 있습니까?**
你如何看待结婚?

1. 다음 중 자신의 생각과 같은 것에 ✔ 하십시오.
   请标出与自己看法相同的选项。

남자와 여자는 친구가 될 수……	있다 ☐	없다 ☐
사람은 혼자 살 수……	있다 ☐	없다 ☐
남자와 여자가 첫눈에 반할 수……	있다 ☐	없다 ☐
사람은 누구나 운명의 상대가……	있다 ☐	없다 ☐

2. 다음은 결혼에 대한 여러 가지 말입니다. 다음에 대해 어떻게 생각합니까? 자신의 생각과 같은 것에 ✔ 하십시오.
   下面是关于结婚的一些说法，你如何看待? 请标出符合自己想法的几项。

결혼은 인생의 무덤이다.	( )
결혼은 미친 짓이다.	( )
결혼은 해도 후회, 안 해도 후회다.	( )
초라한 더블보다 화려한 싱글이 낫다.	( )
결혼은 인생의 완성이다.	( )
결혼을 해야 진짜 어른이 된다.	( )

▷ 다음 뉴스를 듣고 답하세요.
请听新闻并回答问题。

1. 결혼이 필요하다고 대답한 미혼 남녀는 몇 % 였습니까?
   맞는 답에 ✔ 하세요.
   认为必须结婚的未婚男女比例各是多少？请选出正确答案。

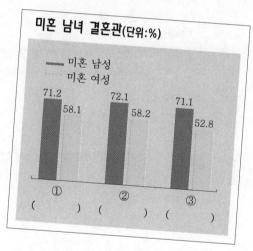

미혼 남녀 결혼관(단위:%)

—— 미혼 남성
...... 미혼 여성

71.2 58.1   72.1 58.2   71.1 52.8

①   ②   ③
(   )   (   )   (   )

2. 다음 중 들은 내용과 다른 것을 고르세요.
   请选出与所听内容不符的一项。

   ① 미혼 여성 10명 중 4명이 결혼을 안 해도 된다고 대답했다.
   ② 결혼의 필요성에 대해 미혼 남성보다 여성들이 더 필요하다고
      했다.
   ③ 응답자의 반 이상이 성공을 위해 결혼을 안 할 수도 있다고
      했다.

1. 결혼은 필수라고 생각합니까? 선택이라고 생각합니까? 장점과 단점 중에서 어느 쪽이 더 많다고 생각합니까?

  你认为结婚是必选项，还是可选项？结婚是好处更多，还是坏处更多？

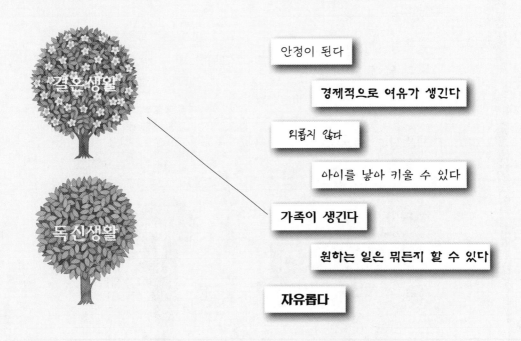

안정이 된다

경제적으로 여유가 생긴다

외롭지 않다

아이를 낳아 키울 수 있다

가족이 생긴다

원하는 일은 뭐든지 할 수 있다

자유롭다

2. 결혼은 일찍 하는 것이 좋을까요? 늦게 하는 것이 좋을까요? 결혼 적령기는 언제라고 생각합니까?

  你认为早婚好，还是晚婚好？你觉得什么年龄结婚最合适？

남자   여자   상관없다

3. 결혼할 때 중요하게 고려해야 하는 조건은 무엇이라고 생각합니까? 그리고 다음과
   같은 조건의 사람과 결혼하는 것에 대해 어떻게 생각합니까?

   你认为决定结婚时，最应该考虑哪些因素？如果和下边这样的人结婚，你觉得会怎么样？

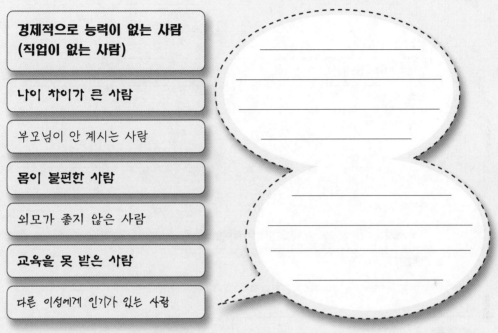

4. 결혼 생활에서 아이는 꼭 필요하다고 생각합니까?

   你认为婚姻中必须要有孩子吗？

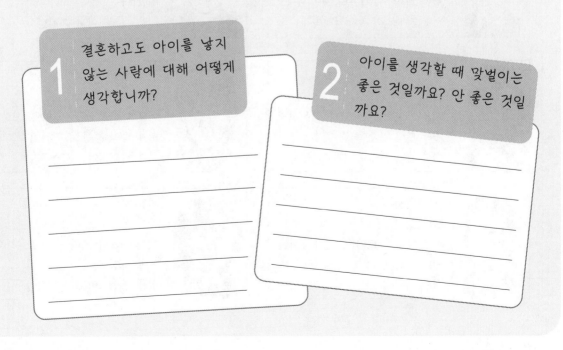

5. 여러분은 결혼정보회사의 커플매니저입니다. 회사를 방문한 고객과 원하는 배우자에 대해 상담하십시오. 그리고 다음 사람들 중 어울리는 사람을 추천하십시오.

假设你是婚介公司的红娘。请和顾客一起讨论他们想找什么样的对象并从下列人选中推荐一个。

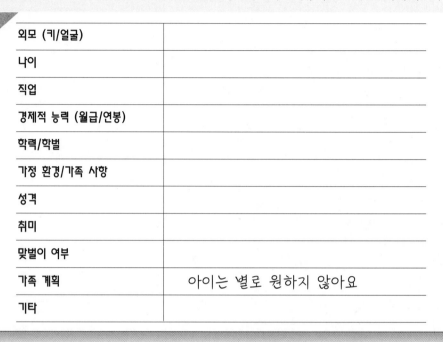

남자		
외모 (키/얼굴)	
나이	
직업	
경제적 능력 (월급/연봉)	
학력/학벌	
가정 환경/가족 사항	
성격	
취미	
맞벌이 여부	
가족 계획	아이는 별로 원하지 않아요
기타	

직업 대학원생
나이 28세
외모 둥근형, 키가 작다, 뚱뚱하다
취미 책 읽기, 컴퓨터 게임
성격 사교적이고 적극적임

직업 경찰관
나이 31세
외모 계란형, 키가 작다, 말랐다
취미 탁구, 검도
성격 가정적이고 솔직함

직업 보험회사 직원
나이 29세
외모 계란형, 키가 크다, 통통하다
취미 드럼 연주, 퍼즐 맞추기
성격 꼼꼼하고 유머가 있음

직업 모델
나이 28세
외모 계란형, 키가 크다, 날씬하다
취미 음악 감상, 쇼핑하기
성격 사교적이고 활동적임

직업 의사
나이 31세
외모 네모형, 키가 작다, 보통이다
취미 영화 보기, 드라이브하기
성격 내성적이고 차분함

직업 화가
나이 27세
외모 둥근형, 키가 크다, 보통이다
취미 사진 찍기
성격 낭만적이고 소극적임

여자	
외모 (키/얼굴)	
나이	동갑 / 연상 / 연하
직업	
경제적 능력 (월급/연봉)	
학력/학벌	
가정 환경/가족 사항	
성격	
취미	
맞벌이 여부	
가족 계획	
기타	

직업 여행가이드
나이 23세
외모 계란형, 키가 크고 날씬하다
취미 여행, 사교춤
성격 활발하고 사교적임

직업 대학 강사
나이 32세
외모 둥근형, 키가 작다, 뚱뚱하다
취미 영화 감상, 쇼핑하기
성격 낭만적이고 조용함

직업 간호사
나이 25세
외모 둥근형, 보통 키, 통통하다
취미 음악 감상, 꽃꽂이
성격 차분하고 내성적임

직업 아나운서
나이 27세
외모 계란형, 키가 크다, 날씬하다
취미 테니스, 수영
성격 덜렁거리고 활동적임

직업 선생님
나이 26세
외모 작은 얼굴, 키가 크다, 말랐다
취미 독서, 드라이브
성격 꼼꼼하고 이해심 많음

직업 요리사
나이 28세
외모 둥근형, 키가 작다, 통통하다
취미 피아노 연주, 그림 그리기
성격 가정적이고 내성적임

결혼정보회사의 커플매니저가 고객의 이상형에 대해 묻고 있는 대화입니다. 이 대화를 읽고 자신의 이상형에 대해서도 말해 봅시다.

커플매니저　이번에 고객님을 맡게 된 김지영이라고 합니다.

고　　객　네, 반갑습니다. 잘 부탁드립니다.

커플매니저　지금부터 원하시는 배우자상에 대해 몇 가지 질문을 드리도록 하겠습니다. 가능하면 솔직하고 구체적으로 대답해 주시면 감사하겠습니다.

고　　객　네, 그렇게 하겠습니다.

커플매니저　우선 외모는 어떤 분을 원하십니까?

고　　객　제가 키가 별로 크지 않으니까 상대방은 키가 좀 큰 편이면 좋겠어요.

커플매니저　키가 컸으면 좋겠다고요? 어느 정도요?

고　　객　180센티미터 이상이면 좋겠어요.

커플매니저　원하는 직업이 있으신가요?

고　　객　출퇴근 시간이 일정하고 주말에는 쉴 수 있는 일이라면 직종은 상관없습니다.

커플매니저　네, 말씀 잘 들었습니다. 원하시는 분을 찾는 대로 빨리 연락드리도록 하겠습니다.

고　　객　네, 그럼 연락 기다리겠습니다.

● -도록 하다

가　일을 이번 주말까지 끝내 주시겠어요?

나　그렇게 _____.

● -다고요

가　물건이 다 팔리고 없습니다.

나　네, 벌써 다 팔렸다고요?

고객님
맡게 되다
배우자상
솔직하다
구체적
외모
직종

3-2 사랑에는 국경도 없다고 하잖아요

不是说爱情无国界吗?

▷ 다음은 '결혼 전에 물어야 할 15 가지 질문' 입니다. 다음에 대해
 여러분은 어떻게 생각합니까?

下面是 "结婚前必须要问的15个问题", 你对此怎么看?

	나 ☐	배우자 ☐
1. 아이를 가질 겁니까? 누가 돌보는 것이 좋다고 생각합니까?	나 ☐	배우자 ☐
2. 경제적 책임은 누가 지는 것이 좋다고 생각합니까?	나 ☐	배우자 ☐
3. 집안일(가사 분담)은 누가 하는 것이 좋다고 생각합니까?	예 ☐	아니요 ☐
4. 자신이 육체적으로, 정신적으로 건강하다고 생각합니까?	예 ☐	아니요 ☐
5. 상대방을 진심으로 사랑합니까?	예 ☐	아니요 ☐
6. 상대방의 특이한 기호를 이해할 수 있습니까?	우리집 ☐	상대방 집 ☐
7. 설날을 어디에서 보낼 겁니까?	예 ☐	아니요 ☐
8. 상대방의 불만을 들을 준비가 되어 있습니까?	예 ☐	아니요 ☐
9. 상대방의 종교를 존중할 수 있습니까?	예 ☐	아니요 ☐
10. 상대방의 친구를 인정할 수 있습니까?	예 ☐	아니요 ☐
11. 상대방의 부모님을 모시고 살 수 있습니까?	예 ☐	아니요 ☐
12. 중요하다고 생각하는 일도 결혼 후에 포기할 수 있습니까?	예 ☐	아니요 ☐
13. 상대방의 직장 때문에 먼 곳으로 이사할 수 있습니까?	예 ☐	아니요 ☐
14. 귀찮게 하는 가족이 있습니까?	예 ☐	아니요 ☐
15. 어떤 어려움이 있어도 결혼에 대한 책임을 다 할 준비가 되어 있습니까?		

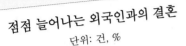

점점 늘어나는 외국인과의 결혼
단위: 건, %

2018년	1만2319(3.7)
2019년	1만5234(4.8)
2020년	1만5913(5.2)
2021년	2만5658(8.4)
2022년	3만5447(11.4)
2023년	4만3121(13.6)

*()는 총 혼인 건수 구성비

어느 나라 사람과 결혼을 많이 했나?
단위: 건, %

한국 남자와 결혼하는 여자
1. 중국-----------2만635(66.2)
2. 베트남-----------5822(18.7)
3. 일본-----------1255(4.0)
4. 필리핀-----------997(3.2)

한국 여자와 결혼하는 남자
1. 중국-----------5042(42.2)
2. 일본-----------3672(30.8)
3. 미국-----------1413(11.8)
4. 캐나다-----------285(2.4)

▷ 여러분은 다음에 대해 어떻게 생각합니까? 자신의 생각을 말해 보십시오.
你如何看待下列问题？请说说自己的想法。

1. 국제결혼에 대해 어떻게 생각합니까?
你如何看待跨国婚姻？

2. 국제결혼의 장점과 단점은 무엇이라고 생각합니까?
你认为跨国婚姻有什么优点和缺点？

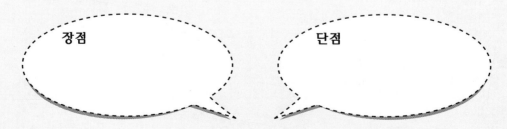

장점

단점

3. 다음과 같은 상황이라면 어떻게 하시겠습니까?

如果遇到下列状况，你会怎么办？

1　저는 한국 사람과 결혼을 했습니다. 그러나 배우자의 부모님이 자주 전화를 해서 안부를 묻고 연락도 없이 집에 오시곤 합니다. 집에 오셔서도 집안 여기 저기를 둘러 보고 잔소리를 하십니다. 저는 부모님의 그런 행동이 사생활 침해라고 생각합니다.

저는 결혼 한 지 얼마 안 된 남자입니다. 결혼을 하자마자 주말에는 항상 처갓집 대소사에 참석하고 있습니다. 그래서 주말에는 쉬어 본 적이 없고 가끔은 얼굴도 모르는 먼 친척 일에 참석하는 경우도 있습니다.　2

3　저는 한국 남성과 결혼을 했습니다. 남편은 외아들로 결혼 전에 어머니와 사이가 아주 좋았습니다. 그러나 결혼 후에도 남편은 날마다 어머니에게 전화를 하고 무슨 일이 있을 때마다 어머니와 상의를 합니다. 그리고 어머니가 부르면 아무 때나 달려 가곤 합니다.

4. 역할에 맞게 이야기해 보세요. 分角色讨论。

역할극

(1) 여러분과 가까운 사람이 한국 사람과 사귀어 국제결혼을 하려고 합니다. 친구, 가족 등이 되어 여러분의 생각을 이야기하면서 그 친구에게 조언해 보십시오.

(2) 사랑하는 사람이 생겼습니다. 하지만 그 사람은 외국 사람입니다. 결혼을 한다면 상대방의 나라에 가서 살아야 할 것 같습니다.

어휘

사랑에는 국경도 없다
지구촌
문화 차이/충격
인종 (차별)
2세
혼혈(아)
정체성
문화의 다양성
혼란을 겪다
향수병에 걸리다

▷ 다음은 남녀의 상담 대화 내용입니다. 잘 듣고 질문에 답하세요.
下面是一男一女之间的对话，请听录音并回答问题。

1. 여자는 어떤 어려움으로 상담원을 찾았습니까?
   女士遇到了什么困难？

   ① 고부간의 갈등
   ② 남편과의 성격 차이
   ③ 자녀 문제
   ④ 경제적 어려움

2. 여자가 이해할 수 없는 남편의 습관은 무엇입니까? 모두 고르세요.
   丈夫的什么习惯令她无法接受？请全部选出来。

   ① 반찬 투정을 한다.
   ② 치약을 쓸 때 중간부터 짠다.
   ③ 텔레비전을 너무 많이 본다.
   ④ 잔소리를 많이 한다.
   ⑤ 화장실을 사용한 후 변기 뚜껑을 내리지 않는다.

3. 여자가 이야기할 때 남편은 보통 무엇을 하고 있습니까?
   女士讲话时，她的丈夫通常在干什么？

4. 상담원이 설명한 남자의 특성은 무엇입니까?
   咨询师认为男性有什么特点？

   ① 남자는 여자에 비해 일을 한꺼번에 하지 못한다.
   ② 남자는 여자에 비해 성격이 꼼꼼하다.
   ③ 남자는 여자에 비해 다른 사람을 배려하지 않는다.
   ④ 남자는 여자에 비해 텔레비전을 많이 본다.

5. 상담원이 여자에게 한 조언은 무엇입니까?
   咨询师为女士提出了哪些建议？

   ① 너무 큰소리로 말하지 말고 작은 소리로 말하세요.
   ② 텔레비전을 보고 있을 때는 큰소리로 말하세요.
   ③ 꼭 알아야 하는 것은 여러 번 반복해서 말하세요.
   ④ 하고 싶은 말이 있을 때는 얼굴을 보면서 말하세요.

6. 여러분이 상담원이라면 뭐라고 조언을 해 주겠습니까?
   如果你是咨询师，会给出什么样的建议？

관용 표현

짚신도 제 짝이 있다
눈에 콩깍지가 씌었다
찰떡궁합
천생연분
부부싸움은 칼로 물
베기다

제 4 과

이 일이 적성에 맞으세요?
这份工作适合你吗?

● 여러분은 어떤 일을 하고 싶습니까?

你想从事什么样的工作?

● 그 일을 하기 위해 무엇을 준비해야 한다고 생각합니까?

你认为为了这份工作,需要做什么准备?

1. 어릴 적 꿈은 무엇이었습니까? 왜 그 일을 하고 싶었습니까?

   你小时候的梦想是什么？为什么？

2. 현재 하고 싶은 일은 무엇입니까? 왜 그 일을 하려고 합니까?
   어떻게 준비하고 있습니까?

   你现在想做什么工作？为什么？你为此做了什么准备？

3. 직업을 선택할 때 가장 중요한 것은 무엇이라고 생각합니까?
   왜 그렇습니까?

   在选择职业时，你认为最重要的是什么？为什么？

중요한 것 | 이유

1

중요한 것 | 이유

2

중요한 것 | 이유

3

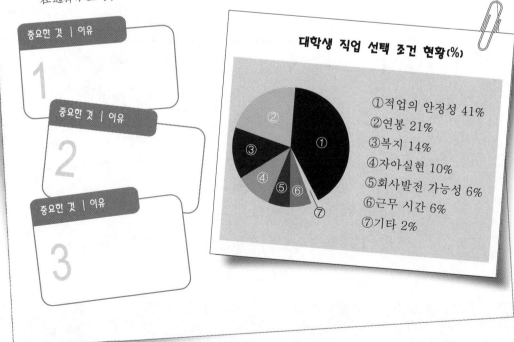

대학생 직업 선택 조건 현황(%)

①적업의 안정성 41%
②연봉 21%
③복지 14%
④자아실현 10%
⑤회사발전 가능성 6%
⑥근무 시간 6%
⑦기타 2%

▷ 다음 뉴스를 듣고 답하세요. 请听下面的新闻并回答问题。

1. 무엇에 대해 조사한 내용입니까?
   这是针对什么问题的调查?

2. 남녀가 가장 선호하는 배우자의 직업은 무엇입니까?
   男女最满意的配偶职业分别是什么?

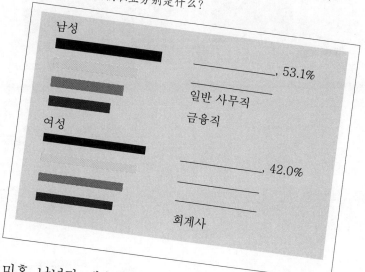

3. 미혼 남녀가 배우자를 선택할 때 가장 중요하게 생각하는
   것은 무엇입니까?
   未婚男女在选择配偶时，最看重的是什么?

남 성	여 성
1	
2	
3	

4. 여러분이 가장 좋다고 생각하는 직업은 무엇입니까?
   你认为最好的职业是什么?

	대답	이유
최근 가장 인기 있는 직업		
내 적성에 가장 잘 맞을 것 같은 직업		
발전 가능성이 있을 것 같은 직업		
돈을 가장 많이 벌 수 있을 것 같은 직업		
가장 보람을 느낄 수 있을 것 같은 직업		
안정적으로 오랫동안 할 수 있을 것 같은 직업		

지선 씨와 은미 씨가 직업에 대해 이야기하고 있습니다.
여러분은 직업을 선택할 때 어떤 것을 고려합니까?

지선 은미 씨, 취업 준비 잘 되고 있나요?

은미 아니요. 무엇을 어떻게 해야 할지 모르겠어요.

지선 먼저, 가장 하고 싶은 일이 무엇인지 잘 생각해 보세요. 요즘 사람들은 적성은 고려하지 않고 연봉과 같은 조건을 더 중요하게 생각하는 것 같더라고요.

은미 맞아요. 그렇지만 취업도 어려운데 적성까지 고려하면 취업하기가 더 어려울 것 같아요.

지선 그렇지만 요즘 이직률이 늘어나는 것을 보면 적성을 무시할 수도 없어요.

은미 맞아요. 제 친구도 얼마 전 처음 입사한 회사를 그만두고 지금은 공무원 시험을 준비하고 있어요.

지선 여성들이 가장 선호하는 직업이 공무원이라던데 그 말이 맞나 보네요.

은미 지선 씨는 직장을 선택할 때 어떤 것을 가장 먼저 고려할 거예요?

지선 제가 가장 중요하게 여기는 것은 적성과 적당한 연봉 그리고 발전 가능성이에요.

은미 욕심이 너무 많은 것 아닌가요?

문법

● −더라고요

가 샤오징 씨, 혹시 미나 씨 못 봤어요?

나 봤어요. 아까 급한 일이 있다고 집에 가더라고요.

가 라이샤 씨, 어제 그 영화 어땠어?

나 그 영화는＿＿＿＿＿＿＿＿.

● −이라던데 (−이라고 하던데)

가 진수 씨가 민수 씨 친형이라던데 그 사실 알고 있었어요?

나 그래요. 어쩐지 얼굴이 많이 닮았다고 생각했어요.

어휘

적당하다
선호하다
고려하다
이직률
연봉
직장
발전 가능성

1. 취업하기 전에 여러분에게 맞는 일이 무엇인지, 어떤 일을 하면 가장 보람을 느낄 수 있는지 취업 상담실의 상담원을 만나 이야기해 보세요. 상담원은 학생을 상담하고 그 학생에게 알맞은 직업을 추천해 주십시오.

假设你是学校就业辅导中心的老师，有学生在就业之前找你咨询自己适合什么样的工作、做什么工作最有意义，请在和学生沟通后向学生推荐合适的工作。

	(전공:)
이름	
성격	
외국어를 쉽게 배우는 편입니까?	
수 계산이 빠른 편입니까?	
여러 사람과 함께 일하는 것을 좋아합니까? 혼자 일하는 것을 좋아합니까?	
새로운 경험을 하는 것을 좋아합니까? 안정적인 것을 좋아합니까?	
다른 사람을 위해 일할 때 보람을 느끼는 편입니까?	
위험한 일에 대해 흥미를 느낍니까?	
처음 만나는 사람에 대해 낯을 가리는 편입니까?	
한 가지 일에 오랫동안 집중을 잘하는 편입니까?	
규칙적인 시간에 일하는 것을 좋아하는 편입니까?	
추천 직업	

2. 상담한 후 상담자에게 여러 일 중의 하나를 추천해 주세요. 왜 이 일이 적합한지
   이유를 설명해 주세요.

请在与学生沟通后，向学生推荐一份工作并说明推荐理由。

취업 상담실 게시판

S이동통신사
보수   높은 편이고 자기 능력에 따라
            성과급이 지급됨.

근무 조건 출장이 많고 야간 근무가 많음.

발전 가능성 승진 가능성이 아주 높음.
            조기 퇴직하는 경우가 많음.

P건설 회사
보수   높은 편.

근무 조건 출퇴근 시간이 불규칙한 편.
            지방 현장에서 장기간 근무
            혹은 해외 현장에서 일할
            수도 있음.

발전 가능성 승진 가능성이 낮음. 육체적으
            로 피곤하고 힘듦.

R은행
보수   처음에는 일반 회사보다 낮은
            편이지만 점점 올라감. 실적에
            따라 성과급이 지급됨.

근무 조건 주 5일 근무, 출퇴근 시간이
            일정함.

발전 가능성 정년까지 안정적으로 일할 수
            있으나 승진이 어려움.

H보험 회사
보수   기본급은 적지만
            실적에 따라 성과
            급이 지급됨.

근무 조건 자유로운 출퇴근
            시간. 능력을 발휘할
            기회가 많음.

발전 가능성 승진의 기회는 별로
            없지만 실적에 따라
            높은 보수와 기회가
            제공됨.

1. 친구들과 같이 창업을 하려고 합니다. 누구를 대상으로 어떤 사업을 할 것인지, 왜 그 사업을 하려고 하는지 창업 계획을 세우면서 이야기해 보세요.
   假设你打算与朋友们一起创业。请写一份创业计划，说明你计划针对哪些人、提供什么商品或服务、为什么要选择这个行业。

회사 이름	
무슨 사업을 하고 싶습니까?	
왜 그 사업을 하고 싶습니까?	
누구를 대상으로?	
어떤 방법으로?	
특징이나 전망은?	
기타	

2. 창업 계획을 세운 후 조별로 발표합니다. 각 조의 창업에 대한 계획을 듣고 사업의 전망에 대해 친구들과 이야기해 보세요.
   请以小组为单位展示创业计划并与同学一起讨论创业前景。

가장 전망이나 발전 가능성이 있을 것 같은 사업	
이유는?	

가장 잘 안 될 것 같은 사업	
이유는 ?	

▷ 창업한 회사에 꼭 필요한 인재를 뽑으려고 합니다. 사원 모집 광고를 만들어 보세요.
假设你要为自己的创业公司招聘一批员工，请制作一份招聘启事。

인재를 모십니다

회 사 명	한국 무역
모집 부문	해외 영업
모집 인원	경력 ××명, 신입 ××명
지원 자격	(1) 경력사원 동종 업계 3년 이상 근무한 자. 영어와 한국어에 능통한 자. (2) 신입사원 4년제 정규대학 졸업(예정)자. 컴퓨터 실력이 뛰어난 한국어 전공자. (혹은 한국어 능력 시험 4급 이상인 자)
지원 서류	이력서, 자기 소개서, 졸업 증명서
전형 방법	1차 - 서류 / 2차 - 면접
제출 방법	방문 접수 및 인터넷 접수
제출 기한	20××년 ××월 ××일 (월) ~ ××월 ××일 (금)
연 락 처	02-760****
홈 페이지	http://www.HKMK.co.kr

1. 어떤 사원을 채용하려고 합니까? 你打算招聘什么样的员工？

2. 지원하는 데 어떤 자격이 필요합니까? 提交简历必须具备什么样的资格？

3. 사원을 채용할 때 어떤 방법과 절차로 채용합니까? 聘用员工将会采用什么方法和程序？

4. 어떤 서류가 필요하고 그 서류를 어떻게 접수합니까? 需要什么材料？如何提交？

1. 여러분의 회사에서 꼭 필요한 사람은 어떤 사람입니까? 여러분이 회사 면접관이 되어 사원을 뽑아 보세요.

   你的公司需要什么样的人才？请作为面试官，选拔自己需要的人才。

   (1) 지원자들에게 어떤 질문을 하면 좋을까요?

   应该向应聘者问哪些问题？

   면접질문

   1

   면접질문

   2

   면접질문

   3

   면접질문

   4

   면접질문

   5

   면접 질문 예
   — 1분 동안 자기소개, 자기 장점과 단점을 이야기해 보십시오.
   — 한국어를 전공한 이유와 입사 후에 하고 싶은 것에 대해서 말해 보십시오.
   — 우리 회사에 지원한 동기가 무엇입니까?
   — 존경하는 사람은 누구이며 그 사람의 어떤 점을 존경합니까?

   (2) 면접관은 지원자 중에서 사원을 뽑고 왜 그 사람을 뽑았는지 이야기해 주십시오.

   假设你招到了需要的员工，请说一说你为什么选择这个人。

2. 한 회사에 취직을 하려고 합니다. 친구와 함께 면접시험을 보기 전에 어떤 것을
   준비해야 하는지 이야기해 보세요.
   你打算去一家公司求职，请和同学一起讨论应该如何准备面试。

(1) 면접시험을 볼 때 어떤 것이 제일 중요하다고 생각합니까?
    你觉得面试时最重要的是什么？

(2) 면접관은 지원자의 어떤 점을 가장 먼저 보겠습니까?
    面试官会最先看应聘者的哪一方面？

(3) 질문에 대답할 때 어떻게 하는 것이 좋습니까?
    回答问题时应该怎样做？

(4) 예상되는 면접 질문에 어떤 것들이 있습니까? 만약 그런 질문을 받는다면
    뭐라고 대답하겠습니까?
    你预计会遇到哪些问题？如果遇到了，你会怎样作答？

1. 다음 대화 내용을 잘 듣고 답하세요.
请听下面的对话并回答问题。

(1) 이 사람은 어떤 회사에 입사하고 싶습니까?
这个人想去什么公司工作？
① 무역 회사 ② 휴대전화 회사 ③ 잡지사 ④ 컴퓨터 회사

(2) 이 사람이 한국에서 취업을 희망하는 이유는 무엇입니까?
这个人为什么希望在韩国工作？
① 친구들이 한국 회사에 많이 다니고 있어서
② 한국과 한국 사람들에 대해 더 많이 알고 싶어서
③ 한국이 일하는 조건이 더 좋아서

(3) 면접을 보는 면접관이 질문하지 않은 내용을 모두 고르세요.
请选出面试官没有提及的内容。
① 야근과 회식이 많은 점에 대하여
② 한국 회사에 입사한 후의 계획에 대하여
③ 입사한 후 자신의 의견과 다른 상사의 명령에 대하여
④ 한국어 실력에 대하여
⑤ 한국에서 일한 경험에 대하여

2. 여러분은 면접 시험을 본 적이 있습니까? 면접 시험을 볼 때 무엇이 중요하다고 생각합니까?
你参加过面试吗？你觉得面试时什么最重要？

산행 면접, 축구 면접, 술자리 면접, 노래방 면접

- 애인이 친한 친구와 바람을 피우면 누구를 택하겠는가?

- 배우자와 자식이 물에 빠졌는데 1명만 구할 수 있다. 누구를 구하겠는가?

- 버스에 앉아 있는데 임산부, 다리 다친 학생, 할아버지, 짐이 많은 아주머니가 탔다면

  누구에게 먼저 자리를 양보할 것인가? 그 이유는?

- 무인도에 가지고 가고 싶은 것 3가지를 말해 보라.

- 왜 지원자들은 검은색 정장만 입는가?

- 화장실에 들어갔는데 화장지가 없다면 당신은 어떻게 하겠는가?

- 노래방에서 몇 시간 놀 수 있는가?

- 자기 집 전기료는 얼마인가?

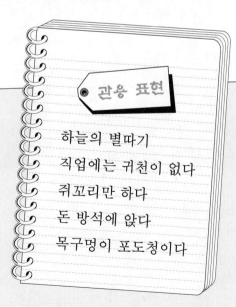

관용 표현

하늘의 별따기
직업에는 귀천이 없다
쥐꼬리만 하다
돈 방석에 앉다
목구멍이 포도청이다

▷ 다음은 면접 준비 요령입니다. 더 추가해야 할 것이 있습니까?

下面是准备面试的要领，你觉得还有需要补充的吗?

노크에서 악수까지

1
— 대기실에서 차분히 기다린다.
— 차례가 되면 가볍게 문을 열고 들어간다.
— 침착하게 걸어가 면접관 앞에서 정중하게 인사한다.
— 면접 번호와 이름을 말한다.

의자에 앉는 자세

2
— 면접관이 앉으라고 할 때 의자에 앉는다. 무릎을 모으고 양손은 가볍게 무릎 위에 올려 놓는다.
— 시선은 면접관의 눈을 주시한다.
— 허리와 가슴을 바르게 편다.

면접이 종료되면

3
— 면접이 끝나더라도 앉은 자세를 바르게 한다.
— 일어나기 전에 바른 자세로 인사를 한다.
— 인사말이 끝나면 일어서서 의자 옆에서 다시 한 번 목례를 한다.
— 돌아서서 서둘지 말고 침착하게 걸어나간다.

면접 시 주의할 점

4
— 면접 전이나 면접이 진행되는 동안 담배를 삼간다.
— 면접 도중 몸에 부착된 장신구를 만지지 말고, 가방이나 손가방 등은 단정하게 무릎 위에 올려놓고 앉는다.
— 면접관의 말을 가로막지 말고 끝까지 경청한다.
— 직접적으로 묻지 않는 한 자신의 약점을 말하지 않는다.
— 질문을 피하거나 대답을 돌려 시간을 끌지 않는다.
— 쉬운 질문이라도 구체적으로 답변한다.
— 여자 수험생의 경우 지나치게 짙은 화장을 삼간다.

나라마다 문화가 다양하네요

每个国家的文化都不一样

● 한국의 첫인상은 어땠습니까?

你对韩国的第一印象如何?

● 다른 나라의 문화를 잘 이해하는 편입니까?

你能很好地理解其他国家的文化吗?

5-1 한국은 여러분의 나라와 어떻게 달라요?
韩国与你的国家有什么不同?

1. 여러분이 가지고 있었던 한국의 이미지에 대해 이야기해 보세요.

请说一说你之前对韩国的印象。

> **긍정적인 이미지**
>
> 경제 발전
> 월드컵

> **부정적인 이미지**
>
> 남북 분단
> 전쟁

2. 중국과 한국은 어떤 차이가 있습니까?

中国与韩国有何不同?

한 국		중 국
	의	
	패션/머리 모양/화장/씻는 방법	
	식	
	음식 재료/요리 방법/먹는 방법	
	주	
	구조/난방/거주 형태/가족	

▷ 다음 설문조사 내용을 잘 듣고 질문에 답하세요.
请听关于问卷调查的音频并回答问题。

1. 무엇에 대한 조사입니까?
   这是针对什么问题的问卷调查?

   ① 우리나라에 거주하는 외국인이 늘어나는 이유
   ② 외국인들이 한국을 좋아하는 이유
   ③ 자기 나라에 가서 해 보고 싶은 사업
   ④ 외국인의 입맛에 맞는 한국 음식들의 순위

2. 조사 결과를 쓰십시오. 请写出调查结果。

1 위	
2 위	사주 카페
3 위	

3. 들은 내용과 맞으면 ○, 틀리면 ✕ 하세요. 判断。

   ① 삼겹살이 외국인의 입맛에도 잘 맞는다. (　　)
   ② 대부분 먹을거리들이 순위에 올라갔다. (　　)
   ③ 이 조사는 한국인, 외국인 모두에게 했다. (　　)

마이크 현아 씨, 고민이 생겼어요.

현 아 그래요? 무슨 고민인데요?

마이크 내가 좋아하는 수미 씨가 여자를 사랑하나 봐요.

현 아 무슨 말이에요?

마이크 어제 수미 씨가 어떤 여자와 손을 잡고 가더라고요. 얼마나 놀랐는지…….

현 아 그게 왜요?

마이크 여자끼리 손을 잡고 가는 것은 이상하잖아요.

현 아 한국에서는 친한 친구끼리 자주 그런 행동을 해요.

마이크 자주 그래요?

현 아 미국에서는 여자들끼리 손을 잡는 것이 이상하지만 한국에선 친밀감의 표시이고 또 우정의 표시이기도 해요.

마이크 네? 정말요?

현 아 네. 한국에서 생활하면서 아직은 당황스럽거나 황당한 일들이 많죠?

마이크 맞아요. 한국에서 매일매일 문화 충격 속에 살고 있어요. 한국어뿐만 아니라 한국 문화도 공부해야겠어요.

현 아 새롭게 접하는 문화가 있다면 주위 사람들에게 물어보세요. 혼자 생각하다가 보면 오해가 생기기 쉬워요.

마이크 네, 그래요. 앞으로도 많이 물어볼게요. 잘 부탁해요.

문법

● **-다가 보면**

가 한국어 발음이 너무 어려워요.
나 계속 연습하다 보면 좋아질 거예요.

가 한국 사람에게 말을 거는 것이 어색해요.
나 _____.

● **-기도 하다**

가 텔레비전 방송에 출연했다면서요? 어땠어요?
나 재미있었지만 좀 부끄럽기도 했어요.

어휘

당황스럽다
황당하다
접하다
문화 충격
친밀감
표시

1. 경험한 '문화 충격'에 대해 이야기해 보세요.
   请说一说你自己经历过的"文化冲击"。

2. 한국 친구와 있을 때 다음과 같은 경험을 한 적이 있습니까?
   和韩国朋友交往时，你有没有过类似下面的经历？

한국 문화를 잘 몰라서 실수한 경험
1

한국말을 잘못 이해해서 당황했던 경험
2

고맙다고 생각했던 경험
3

한국 친구 때문에 기분 나빴던 경험
4

아직도 적응이 안 되는 한국 문화
5

3. 여러분은 한국 사람에 대해서 어떻게 생각합니까?

你如何看待韩国人?

> 한국 사람은 _____

나는 이래서 한국 사람이 좋다		나는 이래서 한국 사람이 별로다
정이 많다	1	급하다
친구가 빨리 될 수 있다	2	약속을 안 지킨다
	3	술을 너무 많이 마신다
	4	
	5	

4. 한국인은 왜 그런 국민성을 가지게 되었을까요? 다음 단어에 대해 생각해 본 적이
있습니까? 함께 이야기해 보세요.

韩国人为什么会形成这样的性格？他们的性格是否会让你想到如下单词？请一起讨论。

> 정
>
> 이웃
>
> 우리
>
> 예절
>
> 유교
>
> 인간관계를
> 중요하게 생각해서
> 술을 너무 많이
> 마시는 것 같아요.
>
> 농경 사회
>
> 아줌마

5. 한국과 한국인을 잘 이해할 수 있는 단어는 무엇입니까? 그리고 이것을 대표할 수
있는 것은 무엇입니까?

哪些词能帮助你更好地理解韩国和韩国人？什么能形象地表示这些词？

단 어	이 유	상 징

> 한국 사람은 인스턴트커피
> 같아요. 왜냐하면……

5-2 나라마다 문화가 달라요
每个国家的文化都不一样

1. 다른 나라에서 금지하는 것은 어떤 것들이 있습니까?
   在不同的国家，都有哪些禁忌?

돼지고기를 먹지 않는 나라

소고기를 먹지 않는 나라

2. 한 나라의 관습이나 풍습은 다른 나라나 문화의 사람들이 보기에 이상한 것으로 보이기도 합니다. 여러분은 그런 예를 몇개 들어 이야기 해보십시오. 在其他国家的人看来，一个国家的风俗习惯很可能会显得非常奇怪和难以理解。你能否举出几个类似的例子?

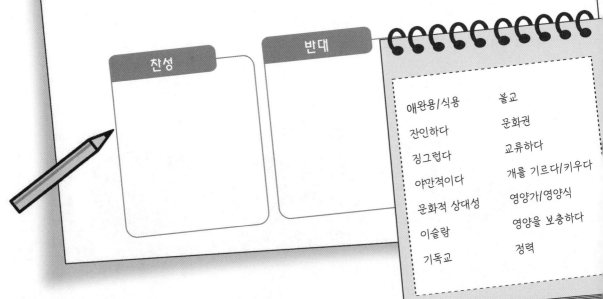

찬성	반대

애완용/식용	불교
잔인하다	문화권
징그럽다	교류하다
야만적이다	개를 기르다/키우다
문화적 상대성	영양가/영양식
이슬람	영양을 보충하다
기독교	정력

중국 문화 중에 다른 나라의 문화를 어떻게 봅니까?
中国人是如何看待别国文化的?

다른 나라의 문화에 대해 좋거나 나쁘다고 평가하는 것에 대해서 어떻게 생각합니까?
你如何看待片面评价他国文化的行为?

다른 나라의 문화로부터 자신의 고유 문화를 지켜야 한다고 생각합니까?
你认为应该排斥他国文化坚持自己国家的固有文化吗?

▷ 잘 듣고 다음의 질문에 답하세요.
请听录音并回答问题。

1. 잘 듣고 맞으면 ○, 틀리면 × 하세요. 判断。

   ① 우리 나라의 문화와 다른 문화는 잘못된 것이다. (　)
   ② 문화는 한 나라의 오랜 역사 속에서 발생한 것이다. (　)
   ③ 서양에서 한국 유학생들이 오해를 받기도 했다. (　)
   ④ 나와 다른 사람을 이해하는 것이 세계인이 되는 첫걸음이다. (　)

2. 두 문화의 차이의 예로 어떤 것을 이야기하고 있습니까?
   录音中提到了哪些文化差异的例子?

한국에서는 윗사람과 이야기할 때	

서양에서는 윗사람과 이야기할 때	

3. 사람들이 왜 다른 나라를 여행합니까?
   人们为什么会去国外旅行?

   ① 오해를 받지 않기 위해서 여행한다.
   ② 다른 문화를 경험하려고 여행한다.
   ③ 여행을 해야만 세계인이 될 수 있다.
   ④ 정신 건강에 좋기 때문이다.

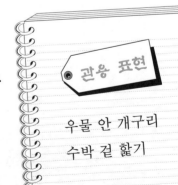

관용 표현

우물 안 개구리
수박 겉 핥기

한국 사람의 생각이 궁금해요

我很想知道韩国人的想法

● 한국에 대해 알고 싶었거나 궁금했던 것은 무엇입니까?

你希望了解韩国哪些方面的情况?

● 그것을 알기 위해 무엇을 해야 합니까?

要知道答案，需要做什么?

▷ 다음 그림을 보고 무엇에 대한 내용인지 이야기해 보세요.

请说一说下列图表的主题。

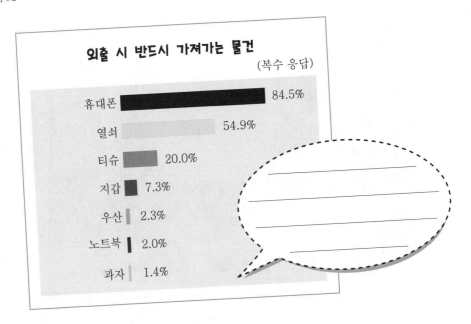

외출 시 반드시 가져가는 물건

(복수 응답)

- 휴대폰　84.5%
- 열쇠　54.9%
- 티슈　20.0%
- 지갑　7.3%
- 우산　2.3%
- 노트북　2.0%
- 과자　1.4%

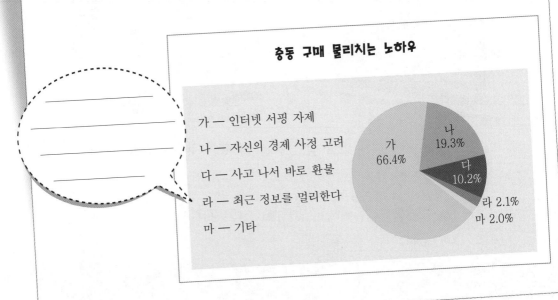

충동 구매 물리치는 노하우

가 — 인터넷 서핑 자제
나 — 자신의 경제 사정 고려
다 — 사고 나서 바로 환불
라 — 최근 정보를 멀리한다
마 — 기타

가 66.4%
나 19.3%
다 10.2%
라 2.1%
마 2.0%

▷ 다음 대화 내용을 잘 듣고 답하세요.
请听下面的对话并回答问题。

1. 두 사람이 설문조사를 하러 갈 장소는 어디입니까?
   两人要去哪里进行问卷调查?

   ① 학생 식당　　　② 도서관
   ③ 강의실　　　　④ 컴퓨터실

2. 선생님이 설문조사 발표 숙제를 낸 목적이 아닌 것은 무엇입니까?
   下面哪一项不是老师布置问卷调查的目的?

   ① 낯선 한국 사람과 이야기해 볼 수 있다.
   ② 한국인들의 생각을 알아볼 수 있다.
   ③ 발표하는 능력을 키울 수 있다.
   ④ 파워포인트로 자료를 잘 정리할 수 있다.

3. 한국 사람들의 생각을 더 잘 알기 위해서 설문 조사와 함께 무엇을 해야 합니까?
   为了更好地了解韩国人的想法, 进行问卷调查的同时还应该做什么?

4. 다음 중 들은 내용과 같은 것은 무엇입니까?
   下面哪一项与所听内容相符?

   ① 여자는 설문조사 발표 숙제를 거의 다 했다.
   ② 남자는 도서관에서 설문조사를 하는 것이 좋다고 생각한다.
   ③ 여자는 파워포인트를 잘하지 못해 걱정했다.
   ④ 남자는 여자에게 파워포인트를 가르쳐주기로 했다.

5. 조사 결과를 통해 무엇을 알게 되었습니까?
   通过调查, 我们能知道什么?

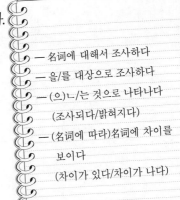

— 名词에 대해서 조사하다
— 을/를 대상으로 조사하다
— (으)ㄴ/는 것으로 나타나다
　 (조사되다/밝혀지다)
— (名词에 따라)名词에 차이를
　 보이다
　 (차이가 있다/차이가 나다)

▷ 한국이나 한국 사람에게 궁금한 것이 무엇인지 어떤 것을 조사하고 싶은지 결정해서
발표해 봅시다.

你想了解韩国和韩国人的哪些方面？想做什么调查？请说一说自己对以上问题的想法。

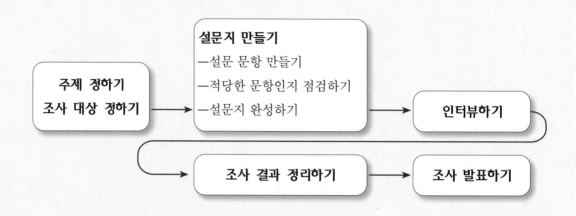

1. 조사 주제/대상 결정하기 选择调查主题和调查对象

무엇에 대해 조사하고 싶습니까?	
누구를 대상으로 조사하면 가장 효과적이겠습니까?	
이 조사를 통해서 무엇을 알고 싶습니까?	
주제가 얼마나 흥미를 끌 만한 것입니까? 우리반 친구들의 반응은 어떻습니까?	상 ☐ 중 ☐ 하 ☐
어느 부분을 수정하고 보완하면 좋겠습니까?	

이 주제에 대해 생각하면 어떤 단어들이 떠오릅니까?

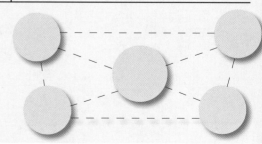

2. 조사 계획서 调查计划

_____의 _____에 대한 실태/인식 조사

조사 주제	
조사 대상/인원	
조사 장소	
조사 방법	

3. 설문지 만들기 制作调查问卷

_____

_____

_____

_____

_____

설문지 작성 시 고려 사항

— 가치 중립성

— 균형성

— 질문의 간결성, 명료성

— 용어의 평이성

20대 한국인의 성형수술에 대한 의식 조사

안녕하십니까? 본 설문지는 성형수술에 대해 어떤 생각을 가지고 있는지
조사하기 위해 만든 것입니다. 번거로우시겠지만
이 설문의 신뢰성을 위해 성실히 답해 주시면 감사하겠습니다.

1. 한국에서는 성형수술을 하는 여성이 많다고 생각합니까?)
  ① 많다　　② 많지 않다　　③ 잘 모르겠다　　④ 기타 ( )

2. 성형수술을 한 사람은 행복하게 살 수 있다고 생각합니까?)
  ① 살 수 있다 → 이유 ( )
  ② 살 수 없다 → 이유 ( )

3. 취직을 위해서 성형수술을 하는 여성에 대해 어떻게 생각합니까?
  ① 이해한다
  ② 이해 못 한다
  ③ 여성들은 외모에 신경을 써야 해서 불쌍하다
  ④ 기타 ( )

4. 좋아하는 연예인이 성형수술을 한 적이 있다는 사실을 알게 된다면 어떻습니까?)
  ① 괜찮다　　② 이해할 수 없다 → 이유 ( )

5. 성형수술을 하고 싶다고 말하는 친구에게 하고 싶은 말은?
  ① 괜찮다 → 이유 ( )
  ② 반대한다 → 이유 ( )

6. 친구가 예전에 성형수술을 한 적이 있다는 사실을 알게 된다면 어떤 기분이
  들겠습니까?
  ① 괜찮다　　② 실망한다　　③ 징그럽다　　④ 기타 ( )

7. 이성 친구가 성형수술을 하고 싶다고 한다면 어떻게 하시겠습니까?
　　① 반대한다 → 이유 (　　　　　　　)
　　② 찬성한다 → 이유 (　　　　　　　)

8. 이성 친구가 옛날에 성형수술을 한 적이 있다면 어떻게 하시겠습니까?　(　　　　)
　　① 괜찮다　② 헤어진다　③ 계속 사귄다　④ 기타 (　　　　)

9. 가족이 성형수술을 하고 싶다고 한다면 어떻게 하시겠습니까?
　　① 반대한다 → 이유 (　　　　　　　)
　　② 찬성한다 → 이유 (　　　　　　　)

10. 성형수술을 하고 싶다는 생각을 한 적이 있습니까?　(　　　　)
　　① 있다 (　　　　)　　②없다 (　　　　)

11. 만약 성형수술을 한다면 어디를 고치고 싶습니까?　(　　　　)
　　① 눈　　　② 코　　　③ 턱　　　④ 기타 (　　　　)

설문에 응답해 주셔서 감사합니다.

(1) 위의 설문지는 흥미를 끌 만한 것입니까?
上面这份调查问卷的内容足够吸引人吗?

(2) 주제와 질문이 적절합니까?
主题和问题设定恰当吗?

(3) 잘 된 부분은 무엇이라고 생각합니까?
你觉得哪一部分设计得比较好?

(4) 수정, 보완하면 좋을 부분은 무엇입니까?
哪一部分需要修改或补充?

4. 설문지 완성하기 完成调查问卷

> 1. 조사 주제: _____ 조사
>
> 2. 간단한 자기소개:
>
> 3. 부탁의 말:
>
> 4. 구분(성별, 나이, 직업, 출신지, 거주지, 결혼 여부 ……)
>
> 5. 질문

(1) 단어가 애매한 것은 없습니까?
　　有没有模糊不清的词?

(2) 질문의 순서는 적당합니까?
　　提问顺序合适吗?

(3) 응답자가 선택할 보기가 적절히 있습니까?
　　选项设置是否恰当?

5. 인터뷰하기 采访

인터뷰하기 전 采访前

(1) 자기소개 하기 自我介绍　　　　　　　　　(2) 설문 목적 소개하기 介绍调查目的

(3) 설문조사 주제와 내용에 대해
    짧게 소개하기
    简要介绍问卷调查的主题和内容

(4) 설문조사를 하겠다고 할 경우
    答应接受采访时

* 설문조사를 하고 싶지 않다고 할 경우 다시 한번 부탁한다. 그래도 거절할 경우
  포기한다.이때도 예의 있게 인사한다.
— 좀 힘드시겠지만 잠시만 시간을 내서 조사에 답해 주시면 제가 한국인과 한국문화를
  이해하는 데 도움이 될 것 같습니다.
— (거절하면) 네, 잘 알겠습니다. 시간 내 주셔서 감사합니다.

인터뷰할 때 采访时

(5) 이해가 안 될 때 질문하기 不明白时要提问

(6) 조사를 마친 후 감사 인사하기 调查结束后要表示感谢

성실히 답변해 주서서 감사
드립니다. 감사합니다.

(귀한) 시간 내 주서서 감사합니다.

성실히 답변해 주서서 감사드립니다.

덕분에 좋은 조사 발표가 될 것 같습니다.

감사합니다.

6. 결과 정리하기/결과 분석하기 整理、分析结果

(1) 조사 결과가 어떻게 나타났습니까? 调查结果如何?

(2) 이 조사 결과를 통해서 무엇을 알게 되었습니까? 通过调查, 你了解到了什么?

(3) 조사하기 전의 예상과 조사 결과가 얼마나 차이가 있습니까?
调查之前的预想与实际调查结果有什么差异?

▷ 여러분이 직접 조사해서 나타난 결과를 발표할 때 어떻게 하면 좋을까요? 함께
이야기해 봅시다.

请一起讨论: 调查结束后, 如何汇报。

외국 유학생들이 생각하는
한국인의 특징은?

조사 시기 20××년 5월 20일~25일

조사 대상 유학생 50명

기타
8.5%

가족이 아니어도
언니 오빠라고 부른다
36.4%

맵고 뜨거운
음식을 잘 먹는다
11.7%

인터넷 사용에 익숙하다
5.2%

항상 나이를
묻는다 13.2%

술을 많이 마신다
25%

陈述问卷调查结果时可能会用到的表达方式

1. _____을/를 대상으로 _____에 대해 조사했습니다. 그 결과는 다음과 같습니다.

   예) 유학생 50명을 대상으로 '외국 유학생들이 생각하는 한국인의 특징'에 대해 조사했습니다. 그 결과는 다음과 같습니다.

2. 조사 결과 _____을/를 _____(으)ㄴ/는 것으로 나타나다 (조사되다 / 밝혀지다).

   조사결과 _____이/가 _____%로 가장 많이 나타났습니다.

   예) 조사 결과 가족이 아니어도 '언니, 오빠'라고 부른다는 것이 36.4%로 가장 많이 나타났습니다.

3. 그 다음으로는_____이/가_____%,_____이/가_____% …… 등의 순으로 나타났습니다 (순이었습니다).

   예) 그 다음으로는 술을 많이 마신다는 의견이 25%로, 나이를 항상 물어본다는 의견이 13.2%순으로 나타났습니다.

4. 그 밖에 _____다/라는 의견도 있었습니다.

   예) 그 밖에 인터넷 사용에 익숙하다는 의견도 있었습니다.

5. 이러한 조사 결과를 통해 _____는 것을 알게 되었습니다.

   예) 이상과 같이 외국인이 생각하는 한국인의 특징을 조사한 결과, 대부분의 사람들이 가족이 아니어도 '언니, 오빠'라고 부르는 것으로 나타났습니다.

발표 주제 소개		
조사 동기 소개		
조사 대상,인원,장소 소개		
조사 결과		
조사를 통해서 알게 된 것		
조사를 끝내는 소감		

저는 한국의 대학생을 대상으로 유학과 어학연수에 대한 설문조사를 했습니다. 조사한 동기는 친구나 아는 사람들이 모두 해외 경험이 있기 때문에 왜 한국 사람들은 그렇게 해외 경험이 많은지 궁금했기 때문입니다.

유학이나 어학연수를 하고 싶은지에 대한 설문에 모든 학생들이 그렇다고 대답했습니다. 그 다음에 유학이나 어학연수를 한 적이 있는지에 대해 70%의 학생들이 한 적이 없다고 응답했고, 30%의 학생들이 한 적이 있다고 대답했습니다. 유학이나 어학연수를 한 학생들에게는 어디를 갔다 왔느냐는 질문에 대해 다음과 같은 답변을 했습니다. 미국이 45%로 가장 많았고, 그 다음으로는 프랑스, 영국, 호주, 캐나다, 일본 순으로 나타났습니다. 그 밖에 러시아도 있었습니다.

만약 유학이나 어학연수를 간다면 얼마나 가고 싶으냐는 질문에 6 개월부터 1 년 이하가 42%로 가장 많았고 그 다음으로는 1 년 이상 2 년 이하가 25%, 2 년 이상 4 년 이하가 23%, 1 개월 이상 6 개월 이하가 10%로 가장 적었습니다. 유학이나 어학연수를 하러 간다면 언제 가고 싶으냐는 질문에는 휴학을 하고 가고 싶다는 의견이 50%로 가장 많았습니다. 그 다음으로는 졸업 후에 간다가 40%, 기타가 7%, 방학 기간에 간다가 3%의 순으로 나타났습니다.

유학 비용을 누가 부담하는지에 대한 조사에 부모님이 75%로 가장 많은 비율을 차지했고, 그 다음은 자기 스스로가 부담한다는 의견이 15%, 회사가 낸다는 의견이 10% 순이었습니다.

················ 중략 ················

조사 결과 많은 한국 학생들은 대학교 재학 중에 휴학을 하고 유학이나 어학연수를 가고 싶어하고 그 비용은 부모님의 도움을 받으려는 생각을 하는 사람이 많은 것으로 나타났습니다. 또한 유학하기는 어렵지만 한국 사회에서 해외 경험이 아주 중요하기 때문에 꼭 가고 싶다는 의견이 대부분이었습니다.

지금까지 저의 부족한 발표를 들어주셔서 감사합니다.

▷ 다음은 서울시에서 조사한 결과입니다. 잘 듣고 질문에 답하세요.
下面是首尔市的调查结果，请听录音并回答问题。

1. 무엇에 대해 조사한 것입니까? 调查主题是什么?
    ① 비만 조사   ② 체중 조사   ③ 의식 조사

2. '당신이 비만이라고 생각합니까?'라는 질문에 대한 여고생의
대답으로 맞는 것은 어느 것입니까?
对于"你认为自己胖吗?"，女高中生们是如何回答的?

①		
비만	35.2%	
표준체중	80.5%	
비만	4.1%	

②		
비만	35.2%	
표준체중	60.7%	
저체중	4.1%	

③		
비만	15.2%	
표준체중	80.5%	
저체중	14.1%	

3. 실제 신체 검사 결과는 어떻게 나타났습니까?
实际的体检结果是什么?

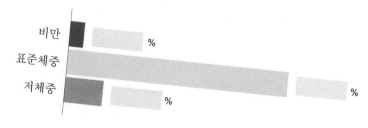

听力文本与答案

1 我比较活泼

B3-02

1. ② 2. ① 3. ① 4. ②

안녕하십니까? 저는 543 번 김민호라고 합니다. 저는 2 남 1 녀 중 장남으로 어려서부터 책임감이 강한 형이며 오빠였습니다. 비록 키가 좀 작지만 작은 고추가 맵다는 속담도 있듯이 실력에 있어서는 누구에게도 뒤지지 않을 거라고 생각합니다. 성격이 좀 급한 편이지만 이것 또한 제 장점이 되기도 합니다. 일을 미루지 않고 부지런히 하기 때문입니다. 제 장래 희망은 40 대에 해외에서 저의 사업을 시작하는 것입니다. 젊어서 일을 열심히 배운 후에 좀 작더라도 저의 사업을 시작해 보고 싶습니다. 감사합니다.

您好，我是 543 号金民浩。我是家中长子，有一个弟弟和一个妹妹，我从小就有很强的责任感。虽然个头不高，但俗话说"浓缩的都是精华"，我认为自己在实力上不输给任何人。虽然是个急脾气，但这也是我的优点：因为工作起来不拖延，很勤奋。我希望 40 岁左右能在国外创业。我想趁现在还年轻，通过自己的努力，（未来）拥有一份哪怕规模不大的事业。谢谢。

B3-03

1. ① 2. ② 3. ②
4. ①맡게 되어 ②자유롭게 발휘하기에는
김영호 : 안녕하세요. 저는 김영호라고 합

니다. 만나서 반갑습니다.
이희정 : 저는 이희정입니다. 함께 일할 수 있게 되어 기쁩니다.
김영호 : 네, 저도 귀사의 웹 디자인을 맡게 되어 무척 기대됩니다.
이희정 : 일을 시작하기 전에 간단하게 자기소개를 부탁드립니다.
김영호 : 네, 저는 한국대학교 컴퓨터 학과를 졸업하고 성균 그룹에 입사하여 5 년 동안 홈페이지를 만들고 관리하는 일을 했습니다. 2005 년 한국 웹 디자인 대회에서 우수상을 수상하고 2006 년에는 아시아 웹 디자인 대회에 참가하여 대상을 수상했습니다. 성격이 활발하고 적극적인 편이라서 회사 생활을 하면서도 이런 결실을 얻을 수 있었습니다.
이희정 : 화려한 수상 경력을 가지고 계시 군요. 그런데 회사를 그만두게 된 특별한 계기가 있습니까?
김영호 : 네, 좋은 회사이긴 하지만 저의 능력을 자유롭게 발휘하기에는 한계가 있었습니다.
이희정 : 그렇군요. 가족 관계는 어떻게 되시나요?
김영호 : 아직 미혼이라 부모님과 함께 살고 있습니다. 아버지는 정년퇴임을 하시고 지금은 집에 계십니

다. 형제 관계는 여동생과 남동생이 있는데 아직 대학생입니다.

이희정 : 네, 감사합니다. 앞으로 우리 회사 홈페이지도 잘 부탁드립니다.

金英浩：您好，我叫金英浩，很高兴见到您。

李熙贞：我是李熙贞，很高兴能与您共事。

金英浩：我也很期待成为贵公司的网页设计师。

李熙贞：工作之前，请简单自我介绍一下。

金英浩：我毕业于韩国大学计算机系，之后进入成均集团，做了5年网页设计和管理工作。2005年，在韩国网页设计大赛中获得优秀奖；2006年参加亚洲网页设计大赛，获得大奖。我性格活泼、积极，在工作中也能取得好的成绩。

李熙贞：你的获奖履历很耀眼啊，但辞职是因为有什么特殊的原因吗？

金英浩：是的，（上一家公司）虽然是一家优秀的公司，但却无法让我自由发挥能力。

李熙贞：原来如此。您的家庭关系怎么样？

金英浩：我还没有结婚，和父母住在一起。爸爸退休了，现在在家。我有一个妹妹和一个弟弟，都还在上大学。

李熙贞：好的，谢谢。以后希望您能在我们公司设计出优秀的网页。

2 我们好像很不一样

B3-04

1. ④   2. ③

여 : 찬호 씨, 내 생각에는 아까 그 사거리에서 우회전했어야 했던 것 같은데……. 일단 저기에서 길을 물어보는 게 어떨까?

남 : 괜찮다니까. 걱정 마. 이 근처 어디야. 확실해.

여 : 하지만 벌써 약속 시간 30분이나 늦었잖아. 그러니까 잠깐 멈춰서 지나가는 사람한테 물어보자.

남 : 내가 확실히 안다니까 왜 그래? 자꾸 잔소리 하려면 유리 씨가 운전해. 자리 바꿀까?

여 : 아니, 그게 아니라……. 자꾸 이상한 곳으로만 가니까 난 시간 낭비하지 말고 확실히 알아보고 가자는 거잖아요.

남 : 확실히 안다니까! 나 못 믿겠어?

여 : 못 믿는 게 아니라 그냥 모르면 물어보면 되잖아요. 그게 그렇게 어려워요?

남 : 됐어, 됐다고!

女：灿浩，我觉得应该在刚才那个十字路口右转，先去那边问问路怎么样？

男：没事的，不用担心，这附近我很熟的。

女：但现在已经迟到30分钟了，咱们先停下来问问吧。

男：我已经说过我很清楚了，你怎么这样？总是唠唠叨叨的，你来开车吧！换位置吗？

女：不是……咱们总是去一些奇怪的地方，所以我觉着还是不要浪费时间，先找到路再说。

男：我很确定！你不相信我吗？

女：不是不相信，如果不知道路，问就可以了，有那么难吗？

男：好了，够了！

1. ④   2. 선천적으로 수학을 / 낮았다

3. ②

진행자 : 안녕하세요. '라디오 상담' 시간입니다. 오늘은 전문가와 함께 자녀에 대한 어머니들의 고민을 들어 보도록 하겠습니다. 전화 받겠습니다. 여보세요.

어머니 1 : 안녕하세요. 저는 초등학교 6학년 딸을 가진 엄마예요. 우리 딸은 아무리 공부를 시켜도 수학 점수가 60점을 넘지 못해요. 아무래도 여자 아이라서 그런 것 같습니다. 여자는 남자에 비해 선천적으로 수학을 못 하잖아요.

진행자 : 네, 그런 고민이 있으시군요. 전문가 선생님, 어떻게 생각하십니까?

전문가 : '여자는 선천적으로 수학을 못 한다'는 것은 고정관념일 뿐입니다. 실제로 캐나다의 한 대학교에서 실험을 했는데, '여자는 수학을 못 한다'고 그대로 믿은 학생은 수학 성적이 낮았지만 '남자와 여자의 수학 능력의 차이가 전혀 없다'고 믿은 학생은 수학 성적이 높았습니다.

진행자 : 아, 네. 그렇군요.

전문가 : 부정적 고정관념을 가지면 그것이 진짜인 것처럼 된다는 것입니다. 아시다시피 수학은 기초가 중요합니다. 먼저, 따님이 수학에 흥미를 가질 수 있도록 해 보지 그러세요. 그리고 일정한 양을 정해서 매일 공부할 수 있도록 하시면 좋은 성과가 있을 것입니다.

진행자 : 그런 고정관념이 생기지 않도록 다양한 학습 기회를 주는 것도 좋겠네요. 그럼 다음 분 전화 받아 보겠습니다. 여보세요.

어머니 2 : 네, 여보세요. 안녕하세요. 저는 신천에 살고 있는 5살 남자 아이 엄마예요. 우리 아이는 다른 아이들과 달리 너무 남자답지 못해요. 집안에서 노는 것을 좋아하고 옷도 여성스러운 옷을 입으려고 해요. 다른 남자 아이들처럼 밖에서 뛰어 노는 것을 좋아하면 좋겠어요. 우리 아이가 너무 이상한 것 같아요.

전문가 : 결론부터 말하면, 이상한 것이 아닙니다. 대부분의 부모님들은 아들은 '남자답게' 자라길 바라고 딸은 얌전하고 온순하게 커 주길 원합니다.

진행자 : 일반적으로 그렇지요.

전문가 : 하지만 어릴 때부터 부모의 고정관념에 따라 자녀를 키우다 보면 다양성에 문제가 생길 수도 있습니다. 먼저 아이가 무엇을 원하는지 알아보세요. 그리고 고정관념을 주는 '남자답다' 혹은 '여자답다' 라는 말

은 하지 않는 것이 좋습니다. 다섯 살 남자 아이는 아직 남자라고 볼 수 없습니다. 여성스러운 옷을 좋아하는 것은 예쁜 것을 좋아하는 인간의 일반적인 심리이고 집에 있는 것을 좋아하는 것은 이 아이의 성격이 원래 조용하고 정적이기 때문입니다. 문제될 것이 없습니다.

진행자 : 아, 그렇군요. 잘 들었습니다. '라디오 상담'에 참여해 주신 전문가 선생님과 어머님들, 정말 감사합니다. 도움이 되셨습니까? 앞으로도 저희 프로그램에 더 많은 관심과 참여 부탁드립니다.

主持人：您好，这里是《广播咨询》。今天，让我们和专家一起倾听妈妈们在育儿过程中遇到的烦恼。现在，我们接入电话，喂？

妈妈1：您好。我是一个六年级女生的妈妈。我女儿不管怎么督促，数学成绩都不超过60分。可能因为是女孩儿的缘故吧，在数学方面，女孩儿天生就不如男孩儿。

主持人：您有这样的烦恼啊！专家老师，您觉得呢？

专　家："女生天生不擅长数学"只是一种刻板印象。事实上，加拿大的一所大学做过一个实验：当一个（女）学生认为"女生不擅长数学"时，她的数学成绩就会很低；而当学生认为"女孩儿和男孩儿的数学能力没有差别"时，她的数学成绩就会很高。

主持人：哦，原来是这样！

专　家：如果（对一个事物）有负面的刻板印象，

那么最终（这种负面刻板印象）就会成为事实。如您所知，数学基础知识很重要。首先，您需要让女儿对数学感兴趣；其次，如果可以每天进行定量学习，相信会有好结果的。

主持人：为了不产生这种刻板印象，最好给孩子提供多样的学习机会。我们接入下一个电话，喂？

妈妈2：喂？您好。我住在新川，是一个5岁男孩儿的妈妈。我家孩子和其他孩子不一样，太不像个男孩儿了：喜欢在家里玩儿，喜欢穿女孩子气的衣服。我希望他能像其他男孩儿一样，喜欢在外面跑来跑去。我觉得我家孩子太奇怪了。

专　家：先说结论——这并不奇怪。大多数父母希望儿子像个男孩儿，女儿能安静、温柔。

主持人：一般来说，是这样的。

专　家：但是，如果从小就按照父母的固有观念抚养孩子，就无法体现出孩子身上的多样性。首先，要了解孩子想要什么；其次，不要说"像个男孩儿"或"像个女孩儿"之类带有成见的话。一个5岁的男孩子还不能被看作人。喜欢女孩子气的衣服是人类喜欢漂亮事物的正常表现，而喜欢待在家里是因为孩子本来就是好静的性格，没什么大不了的。

主持人：哦，原来如此！受教了。非常感谢参加《广播咨询》的专家老师和妈妈们。今天的节目对您有帮助吗？还请大家多多关注、参与我们的节目。

3 一定要结婚吗？

1. ① 2. ②

　미혼 여성 10 명 가운데 4 명이 결혼하지 않아도 된다는 생각을 하고 있는 것으로 나타났습니다. 최근 여론 조사 기관에 따르면 19~69 세 남녀 1000 명을 대상으로 '국민의식 조사'를 실시한 결과, 결혼의 필요성에 대해 미혼 여성의 58.1% 만이 공감했습니다. 그러나 미혼 남성은 그 비율이 71.2% 로 여성보다 훨씬 높은 수치를 보였습니다. 특히 응답자의 54.2% 는 '일에서 성공하기 위해 결혼을 안 할 수도 있다'는 태도를 취했습니다.

　据调查，每 10 名未婚女性中就有 4 人认为可以不结婚。最近，有调查机构以 1000 名 19 岁~69 岁的男女为对象，进行了"国民意识调查"，结果显示：只有 58.1% 的未婚女性认为必须结婚，而未婚男性的这一比例却为 71.2%，远高于女性。值得一提的是，54.2% 的受访者认为"为了取得事业上的成功，可以不结婚"。

1. ② 2. ②, ⑤
3. 신문을 보거나 텔레비전을 본다.
4. ① 5. ④

상담원 : 어떻게 오셨습니까?

상담자 : 제 결혼 생활에 대해서 조언을 듣고 싶어서요.

상담원 : 네. 결혼 생활에 어떤 어려움이 있으신가요?

상담자 : 남편과 성격이나 생활 습관이 너무 안 맞아요.

상담원 : 무엇이 안 맞는지 이야기해 주시겠습니까?

상담자 : 예를 들어 저희 남편은 화장실을 쓸 때 너무 신경을 안 써요. 변기 뚜껑은 안 내려져 있고 치약을 쓸 때도 중간부터 짜서 쓰고 샤워 후엔 정리도 안 하고…….

상담원 : 그런 것을 보시면 기분이 어떠신가요?

상담자 : 너무 화가 나요. 그리고 저는 남편의 그런 점이 너무 싫어요. 같이 사용하는 것은 깔끔하게 사용했으면 좋겠어요. 다음에 쓸 사람을 배려하지 않는 거잖아요. 그런 사람이 어떻게 저를 사랑한다고 할 수 있겠어요?

상담원 : 그런 기분을 남편에게 이야기해 보지 그러세요.

상담자 : 여러 번 말했죠. 그래도 소용이 없었어요.

상담원 : 혹시 이야기할 때 남편이 신문을 보거나 텔레비전을 보고 있지 않았나요?

상담자 : 네, 맞아요. 어떻게 아셨어요?

상담원 : 남자들에게 하고 싶은 말이 있을 때는 얼굴을 보면서 말해야 해요. 남자들은 여자와 달리 여러 가지 일을 한꺼번에 못 하거든요.

상담자 : 그럼 어떻게 하면 좋을까요?

상담원 : 아시다시피 남자들은 여자에 비

해 물건을 꼼꼼하게 정리하지 못
해요. 그러니까 못한다고만 하
지 말고 잘했을 때 칭찬을 해 주
세요. 그리고 남편에게 본인의
감정을 화를 내지 말고 이성적으
로 말해 보세요.

상담자 : 아, 그렇군요. 저도 너무 제 생각
만 하는 것 같아요. 시간 내 주셔서
감사합니다.

咨询师：您遇到什么问题了？

咨询者：我需要关于婚姻的建议。

咨询师：好的，您的婚姻遇到什么问题了？

咨询者：我和丈夫的性格、生活习惯太不一样了。

咨询师：能告诉我都有什么表现吗？

咨询者：比如说，他用卫生间的时候非常不注意：
不放下马桶盖，从中间开始挤牙膏，洗澡
后也不打扫（卫生间）……

咨询师：您的心情怎么样？

咨询者：我非常生气，我很讨厌他这一点。既然是
一起用（卫生间），那么还是希望能保持
干净。要考虑到下一个要用的人嘛。那样
的人怎么能说是爱我呢？

咨询师：把您的想法告诉您先生吧。

咨询者：说过很多次了，但是没有用。

咨询师：您在说的时候，先生是不是在看报纸或电视？

咨询者：是的，没错！您是怎么知道的？

咨询师：当和男性沟通时，应该看着他们的脸。男性
和女性不同，他们不能同时处理多件事情。

咨询者：那该怎么办呢？

咨询师：像您所了解的，在整理东西方面，男性不
如女性。所以，不要只说他做得不好，在

他做得好的时候，要表扬他。还有，在表
达自己的情绪时，不要生气，要理性地说
出来。

咨询者：啊，原来如此！我也觉得自己有些自私。
谢谢您。

4 这份工作适合你吗？

B3-10

1. 이상적인 배우자상과 결혼 의식에 대한
   설문조사

2. 교사, 공무원, 공무원·공사 직원, 의사,
   약사

3. 남성 : 성격, 외모, 가정환경；여성 : 성격,
   경제력, 직업

최근 결혼정보회사가 7월 31일부터 8
월 31일까지 전국의 미혼 남녀 2천 명에
게 '이상적 배우자상과 결혼 의식에 대
한 설문조사'를 실시했습니다. 그 결과
남성 응답자 53.1%가 교사를, 여성 응답
자 42.0%가 공무원·공사 직원을 각각 선
호하는 배우자 직업으로 선택했다고 밝혔
습니다. 남성은 교사 다음으로 공무원,
일반 사무직, 금융직, 약사 등의 순으
로 답했고, 여성은 의사, 약사, 회계사,
변리사, 세무사, 금융직, 교사 등의 순
으로 답했습니다. 미혼 남녀가 배우자를
선택할 때 가장 고려하는 것이 무엇이냐
는 질문에는 남녀 모두 성격을 첫 번째라
고 대답했으나 그 다음으로 남성 응답자
는 외모, 가정 환경 등을 선택한 것과는
달리 여성 응답자는 경제력, 직업을 중요

하게 생각하는 것으로 나타났습니다.

　　7月31日到8月31日，有婚介公司以全国2000名未婚男女为对象，进行了"关于理想配偶和婚姻观"的问卷调查。结果显示：对于配偶的职业，53.1%的男性首选教师，42.0%的女性首选公务员和公司职员。男性调查对象的（整体）排序是教师、公务员、公司职员、金融从业者、药剂师等，女性（接下来）的排序是医生、药剂师、会计师、专利代理、税务师、金融从业者、教师等。对于"选择伴侣时，最先考虑的是什么？"，无论男女，都首选性格，男性调查对象接下来的选择是外貌、家庭环境等，而女性则看重经济实力、职业。

B3-12

1. ②　2. ②　3. ②, ⑤

면접관 : 반갑습니다. 먼저 자신의 한국어 실력이 어느 정도인지 말씀해 주십시오. 저희 회사는 고객에게 휴대전화를 판매하는 회사라서 한국어 실력이 좋아야 합니다.

지원자 : 한국에 온 지 1년 정도 되었고 한국어는 중급 과정인 4급을 마쳤습니다. 그래서 한국인과 의사소통하는 데 문제가 없습니다.

면접관 : 그런데 어떻게 한국에 대해 관심을 갖게 됐는지 말씀해 주시겠습니까?

지원자 : 저희 고향에는 한국 기업이 많이 들어와 있습니다. 그리고 많은 젊은 사람들이 한국 기업에 취업을 희망합니다. 그래서 저도 한국 기업에 취업하는 것에 관심이 생겼고 그 이유 때문에 한국어도 배우기 시작했습니다.

면접관 : 아, 그렇습니까? 그러면 고향에 돌아가서 취업하지 않고 한국에서 취업하기로 결심한 이유는 무엇입니까?

지원자 : 첫째는 한국에 대해 좀더 알고 싶고, 두 번째는 한국에서 일하게 되면 한국 사람들과 직접적으로 부딪히면서 실제적인 것을 더 많이 배울 수 있을 거라고 생각했기 때문입니다.

면접관 : 혹시 한국에는 앞으로 몇 년 정도 더 있을 계획입니까?

지원자 : 가능하면 저는 최대한 길게 한국에서 일하고 싶습니다.

면접관 : 한국의 회사 문화는 야근과 회식이 많다는 것을 알고 있습니까? 그것에 대해서는 어떻게 생각합니까?

지원자 : 이미 한국 친구한테서 그런 이야기를 들은 적이 있습니다. 회식도 일의 연장이라고 생각하기 때문에 제게는 큰 문제가 되지 않습니다.

면접관 : 한국 문화는 상하 관계가 엄격한데 상사의 명령이 자신이 생각하기에 옳지 않은 것일 때 어떻게 하겠습니까?

지원자 : 상사는 저보다 일에 대해 더 잘

파악하고 있고 경험도 많으신 분이기 때문에 일단 따르는 것이 좋다고 생각합니다. 다만, 제 생각에 회사에 큰 손실을 가져올 수 있는 문제라면 제 의견을 말씀드리겠습니다.

면접관 : 네, 잘 들었습니다. 결과는 나중에 연락드리겠습니다. 수고하셨습니다.

지원자 : 네, 감사합니다.

面试官：很高兴见到你。你的韩国语怎么样？我们是一家手机销售公司，韩国语一定要好。

应聘者：我来韩国大约一年了，已经学完了中级4级课程。在与韩国人的沟通上，没有问题。

面试官：你为什么对韩国感兴趣呢？

应聘者：在我的家乡有很多韩国企业，还有很多年轻人希望到韩国公司工作。因此，我也对入职韩国企业产生了兴趣，也因此开始学习韩国语。

面试官：啊，是吗？那你为什么想在韩国就业呢？

应聘者：首先，是想进一步了解韩国；其次，是希望通过在韩国工作，与韩国人直接接触，学到更多实用的东西。

面试官：你计划在韩国待多长时间？

应聘者：只要条件允许，我希望尽可能长待。

面试官：你知道韩国公司有比较多的加班和聚餐吧？你对此有什么看法？

应聘者：我已经从韩国朋友那里听说过了。我认为聚餐是工作的延续，这对我来说不是什么大问题。

面试官：在韩国文化中，上下级等级森严，如果你认为上司的命令不对，会怎么做？

应聘者：我认为上司比我更了解工作内容，经验也更丰富，所以还是应该遵从上司的指令。但如果我认为指令会给公司带来巨大损失，我也会说明自己的看法。

面试官：好的，我们会在晚些时候通知你面试结果，辛苦了。

应聘者：好的，谢谢。

5 每个国家的文化都不一样

B3-13

1. ③

2. 1위 - 삼겹살, 3위 - 팥빙수

3. ①○, ②○, ③×

여 : 한국에 거주하는 외국인을 대상으로 흥미로운 조사를 하셨다면서요?

남 : 네. 조사의 주제는 한국에 있는 것 중에 자기 나라에 가서 사업을 하면 돈을 잘 벌 것 같은 것이 무엇인지입니다.

여 : 그럼, 조사 결과는 구체적으로 어떻게 나왔습니까?

남 : 네, 1위로는 우리가 가장 자주 먹는 음식인 삼겹살로 나타났습니다. 다음으로는 사주 카페, 팥빙수, 붕어빵, 닭갈비 등의 순이었습니다.

여 : 네. 삼겹살이 외국인의 입맛에도 잘 맞는다는 이야기군요. 그리고 2위를 제외하고는 모두 먹을거리들이 순위에 올라간 것 같은데요.

남 : 네, 역시 우리가 일상생활에서 먹는

음식들이 외국인의 입맛에도 잘 맞나 봅니다.

女：听说您（近来）针对在韩国的外国人进行了一个有趣的调查？

男：是的，调查的主题是"韩国的什么东西可以让你回国后赚大钱？"。

女：调查结果怎么样？

男：排名第一的是我们常吃的五花肉，接下来依次是命运咖啡厅、红豆刨冰、鲫鱼饼、鸡排等。

女：看来五花肉很合外国人的口味嘛！除了第二名之外，其他的好像都是吃的。

男：是啊，外国人似乎很喜欢韩国的日常食物呢！

B3-15

1. ①×，②○，③○，④○

2. 눈을 똑바로 쳐다보지 않는다./눈을 똑바로 쳐다본다.

3. ②

　사람들은 잘못된 것과 다른 것을 같다고 생각하기도 합니다. 나와 다른 것, 우리 집과 다른 것, 우리나라의 문화와 다른 것이 잘못이라는 생각은 우물 안의 개구리처럼 생각하는 것입니다. 자신만의 좁은 생각으로 모든 것을 판단한다는 뜻입니다. 문화는 한 나라의 오랜 역사 속에서 발생하고 지켜져 온 관습이며 유산입니다. 따라서 내가 사는 나라와 다르다고 그것이 틀렸다거나 나쁘다고 생각하는 것은 좋지 않습니다. 한국에서는 윗사람의 눈을 똑바로 쳐다보는 것은 도전이나 공격의 표시입니다. 그러나 서양의 많은 나라에서는 눈을 똑바로 쳐다보지 않는 것은 상대방의 말을 잘 듣지 않거나 무시하는 행동입니다. 과거에 많은 한국 유학생들이 미국이나 유럽에서 선생님의 눈을 마주치지 않아 오해를 받은 적이 있었다고 합니다. 마음을 열고 세계를 바라보면 그곳엔 나와 다른 재미있고 놀라운 문화가 기다리고 있습니다. 그래서 많은 사람들이 다른 문화를 경험하기 위해서 여행을 가기도 합니다. 나와 다른 사람들을 이해하는 것, 세계화 시대에 맞는 세계인이 되는 첫걸음입니다.

　人们常常把"错误"和"不同"混为一谈，认为与我不一样、与我们家不一样、与我们国家不一样的就是错误的。（有）这种想法（的人）就像井底之蛙一样，是在用自己狭隘的思想判断一切。文化是一个国家在漫长的历史进程中产生并传承下来的习惯和遗产。因此，认为"和自己国家不一样的就是错的或不好的"是不对的。在韩国，直视长辈的眼睛代表着挑战或攻击，但在很多西方国家，不直视（对方的）眼睛则意味着没有认真听对方讲话或无视对方。据说，以前有很多在欧美学习的韩国留学生因为没有和老师对视而产生误会。（只要）敞开心扉，放眼世界，（就会发现）有不一样的、有趣又让人惊叹的文化在等着我们。所以，很多人会通过旅行体验不同的文化。在全球化的时代，理解与自己不一样的人正是拥有全球视野的第一步。

6 我很想知道韩国人的想法

B3-16

1. ①　2. ④　3. 간단한 인터뷰　4. ③

5. 한국인의 생각

여 : 너 설문조사 발표 준비 다 했어?

남 : 아니, 아직 하나도 못했어. 어떻게 해야 할지 모르겠네.

여 : 그래? 그럼 같이 할까? 먼저 설문지를 작성하고 도서관에 가서 돌리자.

남 : 같이 하면 덜 힘들겠는걸. 그런데 도서관에서는 시끄럽게 떠들면 쫓겨날 텐데……

여 : 그냥 책상 위에 두었다가 한 시간 후에 걷어 오면 되지 뭐.

남 : 잠깐, 잠깐, 그건 선생님께서 숙제를 내주신 목적과 다른 것 같아.

여 : 숙제를 내주신 목적? 그게 뭔데?

남 : 지난 시간에 선생님은 이 숙제를 통해서 한국 사람들과 만나 이야기해 볼 기회를 만들어 보라고 하셨잖아.

여 : 맞아. 처음 만나는 사람과 한국어로 이야기하는 것은 친구랑 이야기하는 것과는 좀 다르니까.

남 : 또 이 숙제를 통해 한국 사람들의 생각에 대해 알아보라고 하셨는데 설문지만을 통해 조사하면 생각을 알기가 어려울 거 같아.

여 : 그럼 설문지와 함께 간단한 인터뷰도 해야겠네.

남 : 그렇다면 학교 식당이 좋겠다. 식사 후 잠시 쉬는 동안 말을 걸면 시간의 방해도 덜 되고 도서관처럼 작게 말하지 않아도 되고. 어때?

여 : 좋아. 그럼 설문조사는 학교 식당에서 함께 하기로 하고 발표 준비는 각자 하자. 그런데 난 파워포인트를 잘 못하는데 어쩌지? 파워포인트로 예쁘게 만들려면 한 일주일은 걸릴 텐데……

남 : 꼭 파워포인트로 하지 않아도 된다고 하셨어. 이번 숙제의 목적은 처음 만나는 한국인과 대화를 하고 한국인들의 생각을 알아보고 그것에 대해 정리하여 발표하는 능력을 키우는 거라고 하셨어. 넌 그림을 잘 그리니까 멋지게 그림을 그리는 게 어때?

여 : 좋았어. 낯선 한국 사람을 만날 생각을 하니 설레는데. 어서 가자. 내가 첫 번째로 인터뷰 할 사람은 바로 너의 한국 여자 친구 유미 씨야. 어! 마침 저기 온다. 유미 씨!

女：你准备好公布问卷调查结果了吗？

男：没呢，我都不知道该怎么办。

女：是吗？那我们一起做吧。先设计调查问卷，再去图书馆发。

男：一起做（肯定）会轻松些，但在图书馆里（发问卷），如果声音太大，会被赶出去的。

女：咱们可以（把问卷）放在桌子上，一个小时后回来收。

男：等一下，这好像不是老师布置作业的目的。

女：布置作业的目的？什么目的？

男：上次老师不是说要借助这次作业让大家和韩国人直接沟通嘛。

女：没错，但和第一次见面的人用韩国语沟通和与朋友说话还是有点儿不一样。

男：老师还让咱们通过这次作业了解韩国人的想法，如果只有问卷，好像很难做到。

女：可以在问卷调查的同时进行简单的采访。

男：那就选学校食堂吧。利用饭后休息的间隙，可以少占用时间，也不用像在图书馆里一样小声说话，怎么样？

女：好。那咱们一起到学校食堂做问卷调查，然后各自准备结果发布吧。但我不太会用 PowerPoint，怎么办？要做一份漂亮的 PPT 大概需要一周吧。

男：老师说不一定要用 PowerPoint。这次作业的目的是培养大家通过和第一次见面的韩国人沟通，了解他们的想法并进行整理的能力。你画画得好，要不要画一些画？

女：好。一想到要和陌生的韩国人见面就激动……快走吧。我第一个想采访的人就是你的韩国女朋友由美。啊，她来了，由美！

B3-17

1. ①　2. ②　3. ②

4. 비만 -5.4%, 표준체중 -80.5%, 저체중 -14.1%,

최근 자신의 신체에 대한 관심이 많아지면서 자신이 비만이라고 생각하는 여고생이 많은 것으로 나타났습니다. 서울시는 지난 4월 24일부터 27일까지 서울시 고등학교 여학생 298명을 대상으로 '여고생들의 비만, 신체에 대한 태도'에 대해 조사를 실시했습니다. 그 조사 결과에 따르면 '당신이 비만이라고 생각합니까?'라고 질문했을 때 여고생 60.7%가 자신이 표준 체중이라고 대답했습니다. 그리고 35.2%는 자신이 비만이라고 대답했습니다. 4.1%만이 자신이 저체중이라고 대답했습니다. 이것을 보면 여고생들은 대부분이 자신이 표준 체중이거나 비만이라고 생각하는 것으로 나타났습니다. 그러나 실제 신체 검사 결과 80.5%가 표준 체중으로 나타났으며 비만은 5.4%밖에 되지 않은 것으로 나타났습니다. 그리고 저체중은 14.1%로 나타나 여고생의 생각과 실제 신체 검사 결과에 차이가 많이 나는 것으로 나타났습니다.

最近，随着人们越来越关注自身健康，很多女高中生认为自己胖。今年 4 月 24 日至 27 日，首尔市针对"女高中生肥胖问题及对自身健康的认知"调查了 298 名女高中生。在"你认为自己胖吗？"这一问题下，60.7% 的女生认为自己是标准体重，35.2% 认为自己胖，只有 4.1% 认为自己体重过轻。由此可见，大部分女高中生认为自己是标准体重或肥胖。但实际体检结果显示：80.5% 的女生为标准体重，仅 5.4% 的女生肥胖，另有 14.1% 的女生体重过轻。（综上所述，）女高中生的想法和实际体检结果有很大差异。

各课单词

1 我比较活泼

5 页 B3-18

영향（影响）【名】影响

6 页 B3-19

꼼꼼하다【形】细致，周到

낯을 가리다 认生，怕生

덜렁대다【自/他】草率，冒失

활동적（活动的）【冠】活跃的，好动的

7 页 B3-20

끈기（-气）【名】耐性，韧劲

낭만적（浪漫的）【冠】浪漫的

느긋하다【形】从容，悠闲

모나다【形】有棱角的，有个性的

소극적（消极的）【冠】消极

싫증（-症）**을 내다** 厌烦，讨厌

원만하다（圆满-）【形】圆满，和谐

현실적（现实的）【冠】现实的

9 页 B3-21

긍정적（肯定的）【冠】肯定的

부정적（否定的）【冠】否定的

산만하다（散漫-）【形】散漫，松散，杂乱

점잖다【形】斯文，稳重

차분하다【形】沉着，冷静

10 页 B3-22

감정적（感情的）【冠】感性的，情绪化的

변덕스럽다（变德-）【形】善变，反复无常

소심하다（小心-）【形】小心谨慎

열정적（热情的）【冠】热情的，热忱的

욕심（欲心）【名】欲望，贪婪

우유부단하다（优柔不断-）【形】优柔寡断，犹豫不决

이기적（利己的）【冠】自私的，自利的

이성적（理性的）【冠】理性的

책임감（责任感）【名】责任感，责任心

털털하다【形】随和，洒脱

혈액형（血液型）【名】血型

11 页 B3-23

사고 방식（思考方式）【名】思考方式，思维方式

12 页 B3-24

고집（固执）【名】固执

막내【名】老幺，最小的孩子

붕어빵【名】鲫鱼饼；长得很像的人

엔지니어（engineer）【名】工程师

여우【名】狐狸

황소（黄-）【名】黄牛

13 页 B3-25

본론（本论）【名】本论，主要部分

14 页 B3-26

경력（经历）【名】经历，履历

동기（动机）【名】动机，目的

정중하다（郑重-）【形】郑重，严肃

포부（抱负）【名】抱负，理想

학창 시절（学窗时节）【名】学生时代

공무원（公务员）【名】公务员

귀사（贵社）【名】贵公司

수상（受赏）【名】得奖，获奖

웹 디자이너（web designer）【名】网页设计师

헤어디자이너（hair designer）【名】发型设计师

16 页 B3-28

가훈（家训）【名】家训

교우（校友）【名】校友

닥치다【自】遇到，碰到

뒷받침【名】后台，后盾

베풀다【他】给予

사범님（师范 -）【名】师傅

승급 심사（升级审查）【名】升级审查，级别鉴定

신조（信条）【名】信条，信念

일깨우다【他】唤醒，提醒

헤치다【他】解开，扒开

2 我们好像很不一样

19 页 B3-29

벌레【名】虫子，昆虫

주차（驻车）【名】停车

20 页 B3-30

매력（魅力）【名】魅力

상대방（相对方）【名】对方

21 页 B3-31

상담자（相谈者）【名】咨询师

상의（商议）【名】商议，商量

조언（助言）【名】建议

즉시（即时）【副】立刻，立即

22 页 B3-32

답답하다【形】郁闷，闷

따라다니다【他】跟着，跟随

배려하다（配虑 -）【他】顾虑，考虑

소용이 없다 没用，不起作用

23 页 B3-33

마음에 들다 满意

24 页 B3-34

선천적（先天的）【名】先天，天生

줄어들다【自】减少，缩减

후천적（后天的）【名】后天

25 页 B3-35

고정관념（固定观念）【名】固有观念

남자답다（男子 -）【形】有男人味儿

로봇（robot）【名】机器人

여성스럽다（女子 -）【形】有女人味儿

전문가（专门家）【名】专家

26 页 B3-36

경유（轻油）【名】柴油

남다【自】剩下

주유소（注油所）【名】加油站

휘발유（挥发油）【名】汽油

3 一定要结婚吗?

28 页 B3-37

더블（double）【名】一对

무덤【名】坟墓

미치다【自】疯狂，疯了

싱글（single）【名】单个，单身

완성（完成）【名】完成

짓【名】（负面的）行为、事

첫눈에 반하다 一见钟情

초라하다【形】寒酸，破旧

화려하다（华丽 -）【形】华丽

29 页 B3-38

미혼（未婚）【名】未婚

응답자（应答者）【名】回答问题的人

30 页 B3-39

고려하다（考虑 -）【他】顾虑，考虑

경제적（经济的）【名】经济的，经济方面

안정（安定）【名】安定，稳定

여유（裕余）【名】空闲，宽裕

외롭다【形】孤单，寂寞

자유롭다（自由 -）【形】自由

적령기（适龄期）【名】适龄期

필수（必需）【名】必需，必要

32 页 B3-40

가정적（家庭的）【名】家庭型，顾家

계란형（鸡卵形）【名】鸡蛋形，椭圆形

네모형（- 形）【名】方形

둥근형（- 形）【名】圆形

드럼（drum）【名】鼓

매니저（manager）【名】顾问，管理者

보험회사（保险会社）【名】保险公司

솔직하다（率直 -）【形】实诚，直率

여부（与否）【名】是否，与否

연봉（年俸）【名】年薪

연주（演奏）【名】演奏

통통하다【形】胖乎乎，圆鼓鼓

퍼즐（puzzle）【名】谜语，拼图

학벌（学阀）【名】学历

33 页 B3-41

가이드（guide）【名】导游

꽃꽂이【名】插花

덜렁거리다【自】慌张，毛手毛脚

사교춤（社交 -）【名】交谊舞

34 页 B3-42

배우자（配偶者）【名】配偶

센티미터（centimeter）【名】厘米

일정하다（一定 -）【形】固定，一定

직종（职种）【名】职业种类，职业

35 页 B3-43

가사 분담（家事分担）【名】家务分工

기호（嗜好）【名】喜好

육체적（肉体的）【名】肉体上，生理上

인정하다（认定 -）【他】认可，接受

정신적（精神的）【名】精神上

존중하다（尊重 -）【他】尊重

종교（宗教）【名】宗教

36 页 B3-44

늘어나다【自】增长

베트남（Vietnam）【名】越南

37 页 B3-45

국경（国境）【名】国界

다양성（多样性）【名】多样性

대소사（大小事）【名】大事小情，所有事

둘러 보다【他】到处看，到处转

사생활（私生活）【名】个人生活

외아들【名】独生子

인종（人种）【名】人种

정체성（正体性）【名】认同感

지구촌（地球村）【名】地球村

참석하다（参席 -）【他】参加

처갓집（妻家 -）【名】妻子的家，岳母家

충격（冲击）【名】冲击

침해（侵害）【名】侵害，侵犯，干预

향수병（乡愁病）【名】乡愁，思乡

혼란을 겪다 陷入混乱

혼혈（混血）【名】混血

38 页 B3-46

갈등（葛藤）【名】矛盾

고부간（姑妇间）【名】婆媳之间

궁합（宫合）【名】八字

뚜껑【名】盖子

반복하다（反复 -）【他】反复，重复

베다【他】切断，割

변기（便器）【名】坐便器，马桶

자녀（子女）【名】子女

짚신【名】草鞋

찰떡【名】年糕

천생연분（天生缘分）【名】天作之合

콩깍지【名】豆荚

4 这份工作适合你吗?

39 页 B3-47

적성（适性）【名】性格，兴趣

40 页 B3-48

복지（福祉）【名】福利

안정성（安定性）【名】稳定性

자아실현（自我实现）【名】实现自我（价值）

현황（现况）【名】现状

41 页 B3-49

금융（金融）【名】金融

사무（事务）【名】事务，事情

42 页 B3-50

보람【名】意义

43 页 B3-51

이직률（离职率）【名】辞职率

직장（职场）【名】职场

44 页 B3-52

계산（计算）【名】计算

상담실（相谈室）【名】咨询室

집중（集中）【名】集中

45 页 B3-53

기본급（基本给）【名】基本工资

능력（能力）【名】能力

발휘하다（发挥 -）【他】发挥

보수（报酬）【名】报酬

불규칙하다（不规则 -）【形】不规则，不规律

성과급（成果给）【名】绩效工资

실적（实绩）【名】实际业绩

야간 근무（夜间勤务）【名】夜班

이동통신사（移动通信社）【名】移动通信公司

장기간（长期间）【名】长时间

적합하다（适合 -）【形】适合，合适

정년（停年）【名】退休年龄

조기（早期）【名】早期，初期

지급（支给）【名】支付
지방（地方）【名】地方
퇴직하다（退职 -）【自】退休
해외（海外）【名】海外
현장（现场）【名】现场

46 页 B3-54
창업（创业）【名】创业

47 页 B3-55
경력사원（经历社员）【名】有工作经验的
员工
능통하다（能通 -）【形】熟练，精通
사원（社员）【名】公司职员
신입사원（新入社员）【名】新员工
영업（营业）【名】营业，经营
인재（人才）【名】人才
접수（接收）【名】接收

48 页 B3-56
면접관（面接官）【名】面试官
지원자（志愿者）【名】申请人，应聘者

50 页 B3-57
명령（命令）【名】命令
상사（上司）【名】上司
의견（意见）【名】意见，见解，主张
잡지사（杂志社）【名】杂志社
희망하다（希望 -）【他】希望

51 页 B3-58
귀천（贵贱）【名】贵贱
목구멍이 포도청이다 比喻为了生计，什么
都做

무인도（无人岛）【名】无人岛
바람을 피우다 有外遇，出轨
방석【名】垫子
별따기【名】摘星星
산행（山行）【名】爬山
임산부（孕产妇）【名】孕妇
전기료（电气料）【名】电费
쥐꼬리【名】老鼠尾巴

52 页 B3-59
경청하다（倾听 -）【他】倾听
노크（knock）【名】敲门
단정하다（端正 -）【形】端庄，庄重
답변하다（答辩 -）【他】回答
대기실（待机室）【名】等候室，等待室
도중（道中）【名】中间，过程中
목례（目礼）【名】注目礼
무릎【名】膝盖
부착（附着）【名】附加
삼가다【他】避免，避讳
서둘다【自】着急，慌张
악수（握手）【名】握手
양손（两 -）【名】两手
요령（要领）【名】要领
자세（姿势）【名】姿势，态度
장신구（裝身具）【名】装饰品
종료（终了）【名】结束
주시하다（注视 -）【他】注视，注目
질다【形】厚重，浓烈
차례（次例）【名】顺序
추가（追加）【名】追加，添加
침착하다（沉着 -）【形】沉着

5 每个国家的文化都不一样

54 页 B3-60

거주（居住）【名】居住

구조（构造）【名】结构，构造

난방（暖房）【名】取暖

재료（材料）【名】材料

패션（fashion）【名】时装

55 页 B3-61

먹을거리【名】吃的东西

설문 조사（设问调查）【名】问卷调查

순위（顺位）【名】顺序

56 页 B3-62

당황스럽다（唐慌 -）【形】慌张，不知所措

우정（友情）【名】友情

접하다（接 -）【他】接触

친밀감（亲密感）【名】亲密感，亲密程度

표시（表示）【名】表示，表现

황당하다（荒唐 -）【形】荒唐，不可理解

57 页 B3-63

실수하다（失手 -）【自】失误，犯错

적응（适应）【名】适应

59 页 B3-64

국민성（国民性）【名】民族性格，国民心理

농경 사회（农耕社会）【名】农耕社会

상징（象征）【名】象征

유교（儒教）【名】儒家思想

인간관계（人间关系）【名】人际关系

인스턴트커피（instant coffee）【名】速溶咖啡

60 页 B3-65

교류하다（交流 -）【他】交流

기독교（基督教）【名】基督教

문화권（文化圈）【名】文化圈

불교（佛教）【名】佛教

상대성（相对性）【名】相对性

식용（食用）【名】食用

애완용（爱玩用）【名】用于玩赏的

야만적（野蛮的）【名】野蛮的

영양가（营养价）【名】营养价值

영양식（营养食）【名】营养食品，营养餐

이슬람（Islam）【名】伊斯兰

잔인하다（残忍 -）【形】残忍

정력（精力）【名】精力

징그럽다【形】厌恶，恶心

61 页 B3-66

평가하다（评价 -）【他】评价

62 页 B3-67

개구리【名】青蛙

겉【名】外表，外面

우물【名】井

핥다【他】舔，舐

6 我很想知道韩国人的想法

64 页 B3-68

노하우（knowhow）【名】秘诀

멀리하다【他】疏远，远

물리치다【他】战胜

사정（事情）【名】事情，情况

서핑（surfing）【名】冲浪

외출（外出）【名】外出，出门

자제（自制）【名】自制

환불（换拂）【名】退货

65 页 B3-69

낯설다【形】陌生，不认识，不熟悉

파워포인트（PowerPoint）【名】PowerPoint，
PPT

66 页 B3-70

떠오르다【他】浮现，想起

문항（问项）【名】项目，条目

반응（反应）【名】反应

보완하다（补完-）【他】补充

수정하다（修订-）【他】修改，修订

인터뷰（interview）【名】采访

점검하다（点检-）【他】检查

67 页 B3-71

간결성（简洁性）【名】简洁

균형성（均衡性）【名】均衡

명료성（明了性）【名】明确，明了

중립성（中立性）【名】中立

평이성（平易性）【名】平易，简易

68 页 B3-72

성형수술（成形手术）【名】整容手术

신뢰성（信赖性）【名】可信度

연예인（演艺人）【名】艺人

69 页 B3-73

찬성하다（赞成-）【他】赞成

70 页 B3-74

거주지（居住地）【名】居住地

출신지（出身地）【名】籍贯

71 页 B3-75

거절하다（拒绝-）【他】拒绝

72 页 B3-76

성실하다（诚实-）【形】诚实

74 页 B3-77

끝내다【他】结束

소감（所感）【名】感想，感受

75 页 B3-78

부담하다（负担-）【他】负担

어학연수（语学研修）【名】语言进修

재학（在学）【名】在读

휴학（休学）【名】休学

76 页 B3-79

비만（肥胖）【名】肥胖

체중（体重）【名】体重

课文译文

1 我比较活泼

8 页

下面的两个人在谈论朋友的性格，请说说你朋友的性格并说说你为什么这样认为。

罗拉：幸子，托马斯是个什么样的人？

幸子：怎么了？有什么事吗？

罗拉：我昨天在去图书馆的路上遇到他了，他竟然装作不认识我，我还笑着冲他招手呢……

幸子：你是说在路上遇到的吗？可能是因为他比较害羞吧。

罗拉：他上课时发言很积极，也问了老师不少问题，我还以为他是个活泼的人呢。

幸子：他上课时比较积极，但在待人接物上却不太主动，有点儿认生。

罗拉：看来我得先和他熟悉了才行啊。

2 我们好像很不一样

22 页

一位男士在和妻子争吵后找咨询师咨询。他们为什么吵架？遇到这种情况，你会给出什么样的建议？

咨询人：女人真是让人无法理解！

咨询师：您能详细说一说吗？

咨询人：我老婆周末逛商场，一逛就是一整天。我跟着她，觉得特别累。周末我也想休息，可她一点儿都不为我考虑。

咨询师：您应该告诉她，说您周末需要休息。

咨询人：已经说了很多遍了，但是没有用。

咨询师：女性和男性不一样，对她来说，逛街不仅是为了买东西，而且是与丈夫的约会。

咨询人：那我应该怎么办呢？

咨询师：您也知道，和男性相比，女性的户外活动时间比较少，如果连周末也待在家里，她们会觉得很闷。

咨询人：是我太自私了！我应该和她好好谈谈。

3 一定要结婚吗？

34 页

婚介公司的红娘在询问顾客希望找什么样的另一半。请在阅读对话后，说一说自己的理想型是什么样子的。

红娘：我是负责您的金智英。

顾客：很高兴认识您，拜托了。

红娘：现在我想问几个有关您择偶倾向的问题，请尽可能诚实、具体地回答我，谢谢。

顾客：好的。

红娘：首先，您对外貌有什么要求？

顾客：我个子不太高，所以希望对方个子高一点儿。

红娘：希望对方个子高？多高？

顾客：最好在 1 米 8 以上。

红娘：（其次，）您对职业有什么要求吗？

顾客：只要上下班时间固定，周末能休息，什么职业都可以。

红娘：好的。如果有合适的人选，我会尽快

联系您的。

顾客：好的，我等您消息。

4 这份工作适合你吗？

43 页

智善和恩美正在讨论与找工作有关的问题。
你在找工作时，会考虑哪些问题呢？

智善：恩美，你工作找得怎么样了？

恩美：还没找着呢，我都不知道得准备什么、怎么准备。

智善：你得先想明白自己最想做什么。现在，好像很多人都不看工作是不是适合自己，只关注年薪什么的。

恩美：是啊，但现在找工作本来就不容易，如果还要考虑是不是适合自己，就难上加难了。

智善：但从最近辞职率上升的情况来看，"工作是否适合自己"这个问题也不容忽视啊！

恩美：是的。我有朋友前不久刚从自己入职的第一家公司辞职，现在正准备公务员考试呢。

智善：都说公务员是女人最喜欢的工作，看来此话不假啊！

恩美：智善，你找工作时，最看重什么？

智善：我最看重的是工作是否适合自己、适当的年薪，还有发展潜力。

恩美：你未免也太贪心了吧？

5 每个国家的文化都不一样

56 页

迈克：娴雅，我好烦啊！

娴雅：是吗？你有什么烦恼？

迈克：我喜欢的秀美好像喜欢女生。

娴雅：什么意思？

迈克：昨天，（我看到）秀美拉着一个女生的手来着，我大吃一惊……

娴雅：怎么了？

迈克：女生和女生拉手，不是很奇怪吗？

娴雅：在韩国，好朋友之间经常这样啊。

迈克：经常这样？

娴雅：虽然在美国女生之间拉手是件很奇怪的事，但在韩国，这表示两人很亲密，也是双方友情的一种表示。

迈克：啊？是吗？

娴雅：是的。在韩国，你是不是还觉得有很多让人惊讶或难以理解的事？

迈克：对啊。现在，我在韩国，每天都会受到文化冲击。看来我不光要学韩国语，还要学韩国文化。

娴雅：如果遇到新的文化现象，可以问一下周围的人，自己胡思乱想很容易误会的。

迈克：好的。我以后会多向你请教的。拜托了！

말하기 쉬운 한국어

B4

新视线韩国语听说教程

教材构成

单元主题	功能	语法与表达	听力	活动
1 돈을 아껴 써야 겠어요 钱要省着花	• 说说你对韩国物价的看法以及如何才能赚到钱	• -(으)면서도 • - 느라고	• 有关世界各地物价的新闻 • 采访一个想创业的年轻人	• 说说你的省钱诀窍 • 说说你认为合理的赚钱方法
2 군대 다녀오셨어요? 你退伍了?	• 讨论韩国兵役制度	• -(이)라면	• 歌曲 • 有关兵役制度的新闻	• 就兵役制度采访韩国人 • 分角色扮演即将入伍的人与其周围的人
3 오늘 그 뉴스 들었어요? 你听说今天的那条新闻了吗?	• 讨论今天的新闻	• - 이라고 해도 • - 다니	• 天气预报 • 有关纪念日泛滥的新闻	• 讨论最近的热点新闻 • 发布班级新闻
4 요즘 사람들 참 바빠요 现在的人真忙啊	• 说说现代生活	• - 다던데 • -(으)ㄴ/는 데 비해/반해	• 有关都市生活的歌曲 • 咨询孩子网瘾相关事宜	• 过去和现在 住在城里和住在乡下
5 아침은 챙겨 드세요? 你吃早饭吗?	• 讨论"好的生活习惯"	• - ㄹ뿐더러 • -(으)ㄹ수록	• 不吃早饭的后果 • 现代病	• 说说哪些食物对身体好 • 说说减轻部分疾病症状的方法
6 성공 비결이 뭐예요? 成功的秘诀是什么?	• 说说你眼中"成功的人生"	• - 다고 해서 …… 다 -(으)ㄴ 것은 아니다 • - 에 달려 있다	• 真正的成功 • 成功的人生	• 说说自己尊敬的人 • 想象自己20年后的一天

목 차

韩国古代小说《春香传（춘향전）》开头部分

돈을 아껴 써야겠어요

钱要省着花

● 생활비를 주로 어디에 씁니까?

你的生活费主要用在哪些方面?

● 여러분은 돈 관리를 잘하는 편이라고 생각합니까?

你觉得你会管理金钱吗?

1-1 생활비가 얼마나 들어요?
你的生活费是多少?

▷ 다음 표를 보고 각 나라의 물가를 비교해 보세요. 看图表, 比较各国物价。

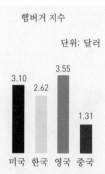

햄버거 지수

단위: 달러

미국 3.10 | 한국 2.62 | 영국 3.55 | 중국 1.31

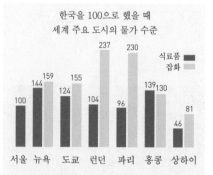

한국을 100으로 했을 때
세계 주요 도시의 물가 수준

식료품 / 잡화

서울 100 | 뉴욕 144 159 | 도쿄 124 155 | 런던 104 237 | 파리 96 230 | 홍콩 139 130 | 상하이 46 81

대화

 B4-01

나타샤 　라리사, 우리 주말에 남이섬 놀러 갈까? 그곳은 유명한 관광지라서 볼거리도 많고 먹을거리도 정말 많대.

라리사 　미안하지만 이번 달은 안 돼. 지난달에 생활비를 너무 많이 썼기 때문에 아껴 써야 해. 남이섬에 가면 비용이 많이 드니까 다른 곳으로 가자. 가까우면서도 좋은 곳이 많잖아. 여의도 공원에서 자전거를 타는 건 어때?

나타샤 　아쉽지만 할 수 없지. 그래, 여의도로 가자. 그런데 뭘 하느라고 생활비를 그렇게 많이 썼어?

라리사 　나도 모르겠어. 별로 쓴 것도 없는데 돈이 없어.

나타샤 　그럴 리가 있겠어? 네가 기억을 못하는 것이겠지. 그러면 가계부를 한번 써 봐.

라리사 　가계부?

나타샤 　응. 나는 한국에 와서 계속 쓰고 있어. 좀 귀찮기는 하지만 생활비를 잘 관리할 수 있어서 좋아.

라리사 　그럴까?

문법

● -으면서도

가 휴대폰 새로 샀다면서요? 좋아요?

나 이 휴대폰은 품질이 좋으면서도 값이 싸서 정말 좋아요.

가 저 식당에 갈까요?

나 아니요, 다른 곳으로 가요.
　저 식당은 ＿＿＿＿＿＿＿＿＿

● -느라고

가 왜 숙제를 안 했어요?

나 죄송합니다. 영화를 보느라고 시간이 줄 몰랐어요.

가 피곤해 보이네. 무슨 일 있어?

나 ＿＿＿＿＿＿＿＿＿
　＿＿＿＿＿＿＿＿＿

어휘

볼거리
먹을거리
비용
가계부
귀찮다
관리하다

B4-02

▷ 잘 듣고 물음에 답하세요. 听录音回答问题。

1. 맞으면 ○, 틀리면 × 하세요. 判断。

(1) 2006년 생활비가 가장 많이 드는 도시는 도쿄이다. ( )

(2) 서울의 물가는 작년에 비해 올랐다. ( )

(3) 도쿄의 물가는 작년에 비해 떨어졌다. ( )

(4) 모스크바의 물가는 작년에 비해 올랐다. ( )

2. 잘 듣고 빈칸을 채워 보세요. 听录音填空。

1	
2	
3	
4	**홍콩**
5	**런던**
6	**오사카**
7	**제네바**
8	**코펜하겐**
9	**취리히**
10	**오슬로**

1. 중국과 비교하여 한국의 물가는 어때요?

   与中国相比，韩国的物价怎么样？

2. 현재 생활비를 어느 정도 쓰고 있습니까? 100%를 기준으로 나누어 보세요.
   가장 적절하다고 생각하는 비용은 얼마입니까?

   你现在的生活费有多少？请（根据下表提示）划分各部分比例，你认为相应部分占比多少最合适？

	중국	한국	적당한 비율
집세			
식비			
의복비			
교통비			
통신비(휴대폰, 인터넷)			
문화 생활비			
의료비			
저축			
기타			
합계			

(1) '적당한 생활비'로 생활하려면 어떻게 해야 합니까?

(2) 물가가 가장 비싸다고 생각하는 것은 무엇입니까? 가장 저렴하다고
   생각하는 것은 무엇입니까?

3. 생활비를 절약할 수 있는 방법에 대해 이야기해 보세요.

请说一说有哪些省钱小妙招。

식사

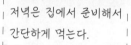

저녁은 집에서 준비해서
간단하게 먹는다.

교육

의복

교통

여가

주거

통신

저는 교통비를 절약하기 위해 택시를 잡기보다 주로 일찍 나가서 버스를 타고 가요.

또 생활비를 절약하려면 꼭 필요한 것만 사요. 뿐만 아니라 중고품도 활용할 수 있어요.

4. 여러분은 이성 친구와 데이트를 하고 있습니다. 이런 이성 친구 어때요?

假设你正在和男/女朋友交往，下边这样的男/女朋友，你觉得怎么样？

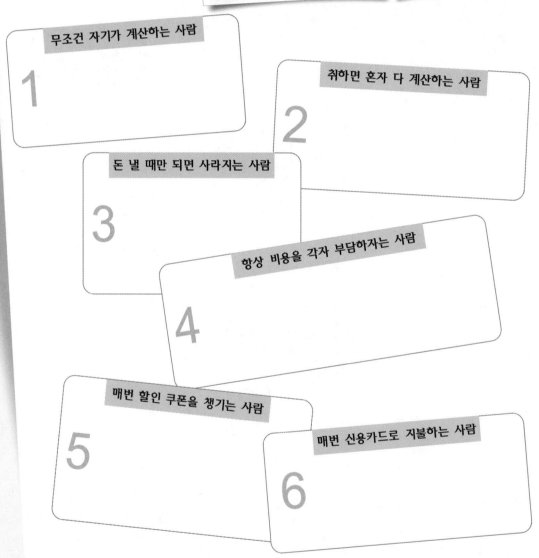

무조건 자기가 계산하는 사람

1

취하면 혼자 다 계산하는 사람

2

돈 낼 때만 되면 사라지는 사람

3

항상 비용을 각자 부담하자는 사람

4

매번 할인 쿠폰을 챙기는 사람

5

매번 신용카드로 지불하는 사람

6

▷ 다음에 대해 우리 반 친구들과 이야기해 봅시다.

请和同学讨论如下问题。

1. 다음은 우리가 살면서 만나게 되는 여러 가지 선택 사항입니다. 지금 여러분은 어느 쪽을
선택하시겠습니까?

下面是我们在生活中会遇到的几种选择, 你会选择哪一个?

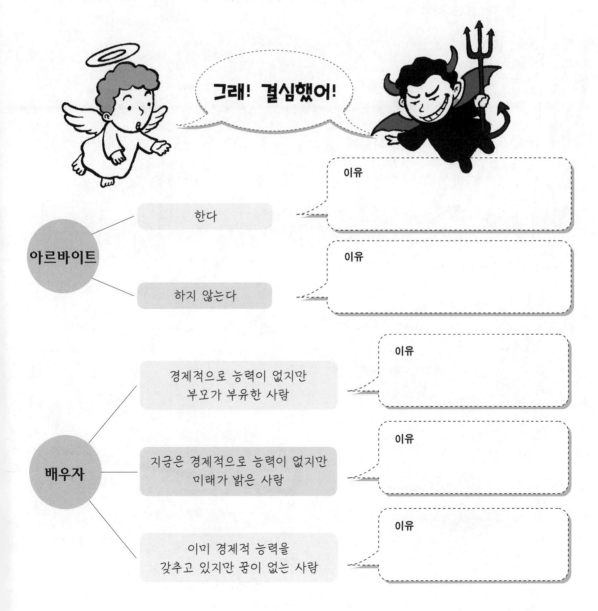

2. 돈에 관심이 많은 편입니까? 여러분의 생활과 관련이 있는 것을 고르세요.
你在乎钱吗? 请选出与你的实际情况相符的选项。

문 제	나	친구
1. 지금 지갑에 얼마가 있는지 정확히 알고 있다.		
2. 가계부를 쓰고 있다.		
3. 충동구매를 하지 않는다.		
4. 하루에 쓸 돈을 정해 놓았다.		
5. 인터넷을 이용해 물건을 구입하지 않고 직접 가는 편이다.		
6. 물건을 살 때 세 번 이상 생각한다.		
7. 목표를 정해서 저축한다.		
8. 돈이 필요한 이유는 가정의 행복과 건강 때문이다.		
9. 일찍 자고 일찍 일어난다.		
10. 돈을 아껴 쓰는 자세가 중요하다.		
11. 좋은 물건을 산 친구를 부러워하지 않는다.		
12. 남들로부터 성실하다는 말을 듣는 편이다.		
13. 돈을 지혜롭게 잘 쓰는 친구가 있다.		
14. 돈에 관련해서 세운 계획은 꼭 지킨다.		
15. 요즘 환율이 얼마인지 잘 알고 있다.		
합계		

조언해 주세요.

친구

12개 이상 당신은 올바른 경제관을 가지고 있으며 생활 습관도 아주 좋습니다. 앞으로 부자가 될 가능성이 매우 높습니다.

7-11개 조금만 더 노력한다면 부자가 될 가능성이 있습니다. 무 바꾸어야 하는지 잘 생각해 보고 올바른 경제관을 가진 친 이야기를 들어 보세요.

6개 이하 부자로 가는 길과 반대로 가고 있습니다. 다시 한번 자 생활을 돌아보세요.

3. 돈을 벌고 모으는 방법에는 여러 가지가 있습니다. 여러분은 어떤 방법으로 돈을 버는 것이 가장 좋다고 생각합니까? 다음의 경우에 대해서 이야기해 보세요.

赚钱、攒钱的方法有很多，你认为哪种方法最好？请根据下边的图片讨论。

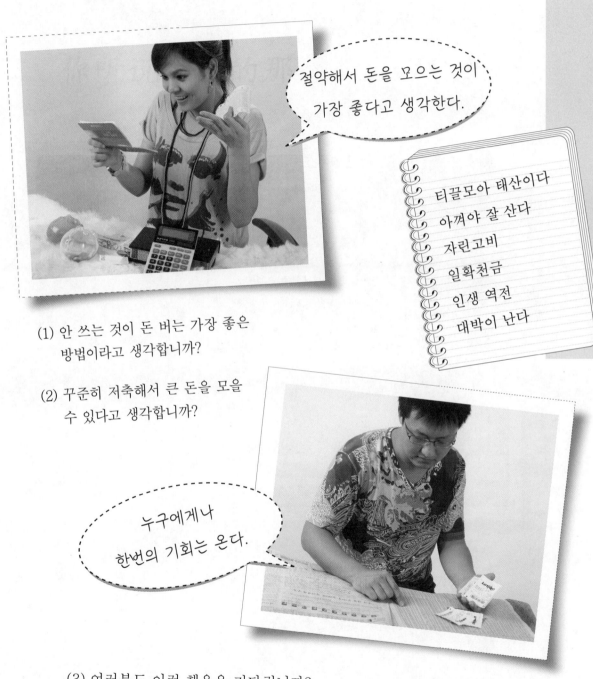

절약해서 돈을 모으는 것이 가장 좋다고 생각한다.

티끌모아 태산이다
아껴야 잘 산다
자린고비
일확천금
인생 역전
대박이 난다

(1) 안 쓰는 것이 돈 버는 가장 좋은 방법이라고 생각합니까?

(2) 꾸준히 저축해서 큰 돈을 모을 수 있다고 생각합니까?

누구에게나 한번의 기회는 온다.

(3) 여러분도 이런 행운을 기다립니까?

(4) 복권을 사면 돈을 벌 수 있을 거라고 생각합니까?

▷ 잘 듣고 물음에 답하세요. 听录音并回答问题。

1. 예슬 양이 처음으로 사업을 시작하게 된 계기는 무엇입니까?
   艺瑟开始创业的契机是什么?

   ① 인터넷 쇼핑몰이 잘 된다는 소문을 듣고
   ② 안목이 있다는 친구들의 이야기를 듣고
   ③ 용돈을 벌기 위해서
   ④ 친구들에게 튀고 싶어서

2. 예슬 양의 인터넷 쇼핑몰이 다른 쇼핑몰과 다른 점은 무엇입니까?
   艺瑟的网店与其他网店有何不同?

   ① 10대들의 눈높이에 맞춘 것
   ② 부모님이 골라준 옷을 파는 것
   ③ 예슬 양이 10대라는 것
   ④ 경영학을 전공하려는 것

3. 사업을 하면서 어려웠던 점은 무엇입니까?
   她在创业过程中, 遇到了什么困难?

4. 예슬 양의 앞으로의 계획에 대해 이야기해 보세요.
   请说一说艺瑟以后的计划。

제 2 과

군대 다녀오셨어요?

你退伍了?

● 한국 군대에 대해 알고 있습니까?

你了解韩国的军队吗?

● 중국의 군대와 어떤 차이가 있습니까?

韩国军队与中国军队有什么不同?

▷ 여러분은 길에서 군인을 봤을 때 어떤 생각을 하게 됩니까?
당你在路上看到军人时, 有何感想?

▷ 다음 노래를 들으면서 밑줄 친 부분을 채워 보십시오.
请听下面的歌曲并填空。

입영열차 안에서/김민우

_____짧은 머리를 보여 주긴 싫었어

손 흔드는 사람들 속에 그댈 남겨 두긴 싫어

삼 년이라는 시간 동안 그댄 나를 잊을까

기다리지 말라고 한 건_____때문이야

그곳의 생활들이_____

그대를_____기 전에 잠들지도 모르지만

어느 날 그대 편질 받는다면

며칠 동안 나는_____

이런 생각만으로_____

내 손에 꼭 쥔 그대 사진 위로

▷ 여러분은 군대에 대해 어떤 생각을 가지고 있습니까? 你对军队有什么看法?

1. 여러분은 군대 생활 중에 어떤 점이 가장 힘들 거라고 생각합니까? 여러분이 만약 다음과 같은 상황이라면 어떤 기분일 것 같습니까?
   你认为军旅生活中, 最困难的事是什么? 如果遇到下面这些情况, 你会是什么样的心情?

입대 전

1
• 어느 날 갑자기 입영 통지서를 받고 자신이 하고 있던 일을 그만두어야 할 때
• 가족들과 헤어져 입영 열차를 탈 때

군대 생활 중에

2
의 짧은 머리로 잘라야 할 때
날마다 같은 군복을 입고 군화를 신어야 할 때
여유 있게 씻을 수 없는 상황일 때

식 단조로운 메뉴의 음식을 먹어야 할 때
어머니가 해 주신 음식을 먹을 수 없을 때
패스트푸드나 간식 또는 기호 식품 등을 마음대로 먹을 수 없을 때

주 성장 배경이 다른 사람들과 같이 생활해야 할 때
신문이나 뉴스 등 세상 밖 소식을 접할 수 없을 때
전화나 인터넷을 자유롭게 이용할 수 없을 때

기타 가족이나 친구가 그리울 때
학업을 쉬어서 점점 머리가 굳는 것을 느낄 때
여자 친구가 고무신을 거꾸로 신었다는 연락을 받았을 때
휴가를 나왔다가 군대로 다시 복귀해야 할 때

제대 후에

3
• 군 제대 후 변화한 사회에 적응하기 힘들 때
• 학교에 복학해서 적응하는 것이 힘들 때

2. 군대 생활이 인생에서 어떤 긍정적인 영향을 미칠 거라고 생각합니까? 그 이유는 무엇입니까?

你认为参军的经历会给人生带来哪些积极影响? 为什么?

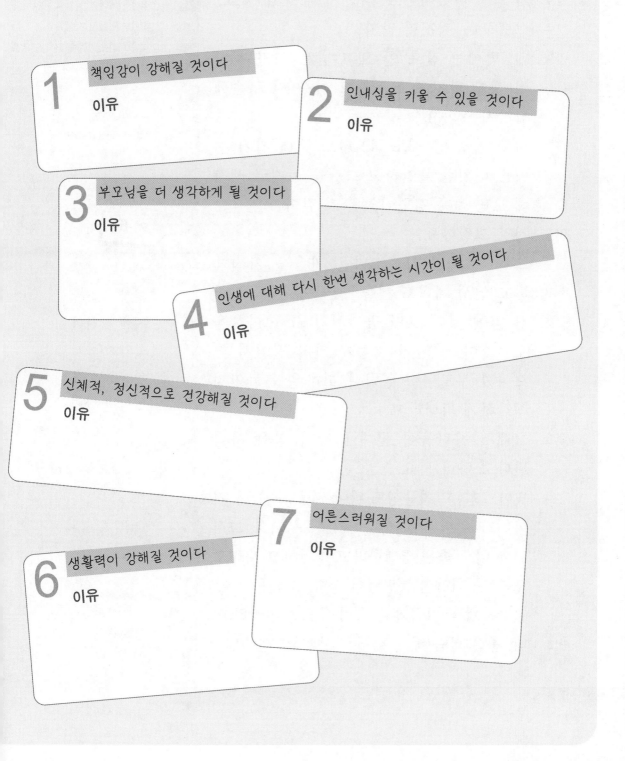

1 책임감이 강해질 것이다
이유

2 인내심을 키울 수 있을 것이다
이유

3 부모님을 더 생각하게 될 것이다
이유

4 인생에 대해 다시 한번 생각하는 시간이 될 것이다
이유

5 신체적, 정신적으로 건강해질 것이다
이유

6 생활력이 강해질 것이다
이유

7 어른스러워질 것이다
이유

진수 어, 머리를 왜 그렇게 깎았어?

민호 저 영장 나왔거든요. 다음 주에 군대 가요.

진수 그랬구나. 걱정이 많지?

민호 네, 밤에는 잠도 안 오고 남은 시간 동안 뭘 해야 할지도 모르겠고 아무 것도 손에 잡히지 않아요.

진수 너무 걱정 안 해도 돼. 나도 군대 가기 전에는 너처럼 불안하고 그랬는데 지금 생각해 보면 좋은 경험이었던 것 같아.

민호 정말 그럴까요?

진수 그럼, 부모님께도 고마운 마음을 가지게 되고 인생 계획도 세울 수 있어. 사람은 항상 옆에 있다 보면 공기처럼 그 고마움을 모르잖아. 그런데 그렇게 멀리 떨어져 있으니까 부모님이 얼마나 고마운 분들인지 생각하게 되더라고.

민호 그래서 사람들이 군대에 갔다 와야 사람 된다고 하나 봐요.

진수 맞아, 그리고 참을성도 많이 키울 수 있을 거야. 그러면서 강한 사나이가 되는 거지. 그러니까 너도 좋은 경험한다고 생각하고 다녀오도록 해. 너라면 틀림없이 잘할 수 있을 거야. 건강하게 잘 다녀와라. 휴가 나오면 연락하고.

민호 네, 좋은 말씀 해 주셔서 감사해요. 선배님.

문법

● –(이)라면

가 친구가 숙제를 대신해 달라고 하는데 어떡하지?

나 내가 너라면 안 해 줄거야. 그건 친구를 위한 것이 아니야.

가 당신이 _____이라면 어떤 제도를 만들겠습니까?

나 _____

어휘

사나이

영장

손에 잡히다

불안하다

참을성

떨어져 있다

* 다음은 인터넷에 올라 있는 '군대의 장점'에 대한 유머입니다.

1. 반찬투정을 안하게 된다.
2. 집안일을 할 줄 알게 된다.
3. 축구를 사랑하게 된다.
4. 허풍이 는다.
5. 현실적이 된다.
6. 알뜰해진다.
7. 다리가 길어진다.
8. 생활력이 강해진다.
9. 자부심을 갖는다.
10. 진짜 남자(사나이)가 된다.

1. 아래 내용을 아직 군대에 가지 않은 남성에게 인터뷰해 보십시오.

请根据下列内容, 采访还未服兵役的男生。

나이	입대예정일:

1. 군대에 가는 친구들을 보면 어떤 기분입니까?

2. 친구 중에 이미 군대에 간 사람이 많습니까? 아직 가지 않은 사람이 많습니까?

3. 언제쯤 군대에 가고 싶습니까?

4. 군대에 간다고 생각하면 어떤 기분입니까?

5. 군대에 가지 않는 사람을 보면 어떤 생각이 듭니까?

6. 군대에 갈 때 여자 친구는 어떻게 하고 가는 게 좋다고 생각합니까?

7. 군대에 가면 가장 힘든 일이 무엇일 것 같습니까?

8. 군대에 가면 가장 보고 싶은 사람이 누구일 것 같습니까?

9. 군 복무 기간은 어떤 시간이 될 거라고 생각합니까?

10. 여자도 군대에 가야 한다는 의견에 대해 어떻게 생각합니까?

2. 아래 내용을 군대에 갔다 온 남성에게 인터뷰해 보십시오.

请根据下列内容, 采访服过兵役的男性。

나이	육군, 공군, 해군, 기타
근무지	복무기간

1. 군대에 갈 때 기분이 어땠습니까?

2. 군대에 갈 때 어떤 일을 하고 있었습니까?

3. 군대에 갈 때 여자 친구가 있었습니까?

4. 군대 생활에서 가장 힘들었던 경험은 무엇이었습니까?

5. 군대 생활에서 좋은 점은 무엇이라고 생각합니까?

6. 만약 다시 군대에 가야 한다면 가시겠습니까?

7. 군대에 갔다 온 경험이 인생에서 도움이 된다고 생각합니까?

8. 복무 기간에 대해 어떻게 생각합니까? 어느 정도가 좋다고 생각합니까?

　　짧다　　　　괜찮다　　　　길다　　　　기간 (　　　　)

9. 군대 생활에서 가장 필요한 것은 무엇이라고 생각합니까?

10. 복무 기간 동안 가장 고마웠던 사람은 누구였습니까?

3. 아래 내용을 주변 여성에게 인터뷰해 보십시오.

请根据下列内容，采访身边的女性。

나이

주변 사람 중에 군대에 간 사람

---

1. 군대에 가는 남자들을 보면 어떤 생각이 듭니까?

2. 여자도 군대에 가야 한다는 의견에 대해 어떻게 생각합니까?

3. 남자들이 취업할 때 군 복무 기간에 대해 가산점을 주는 것에 대해 어
   떻게 생각합니까?

4. 남자 친구가 군대에 가면 기다리는 것이 좋다고 생각합니까?

5. 주위 사람들 중에 군대에 간 남자 친구를 기다리는 사람을 알고 있습
   니까?

6. 남자들이 군 생활에서 가장 힘든 일이 무엇일 거라고 생각합니까?

7. 군대에서 휴가 나온 친구들을 만나면 어떤 생각이 듭니까?

8. 아직 군대에 가지 않은 남자와 군대에 갔다 온 남자는 차이가 있다고
   생각합니까?

9. 가족 중에 군대에 가거나 갈 사람이 있습니까?
   그때 기분이 어땠습니까?(기분이 어떨 것 같습니까?)

10. 나중에 자신의 아들이 군대에 가려면 어떻게 할 겁니까?

1. 병역 제도에 대해 함께 이야기해 봅시다. 请一起讨论兵役制度。

(1) 만약 여러분 나라에서 전쟁이 일어난다면 어떻게 하겠습니까?
   如果在你的国家爆发了战争, 你会怎么办?

   ① 자기 나라를 지키는 것은 국민의 의무라고 생각하기 때문에
      전쟁에 참전한다.
   ② 전쟁에 참전하지 않기 위해 외국에 나간다.
   ③ 전쟁에 참전하지는 않지만 국내에서 안전한 곳을 찾는다.

(2) 여러분 나라에 국방의 의무가 있다면 어떻게 하겠습니까?
   그 이유를 말해 보세요.
   如果你的国家实行义务兵役制, 你会怎么办? 为什么?

   ①국가에 봉사하는 즐거운 마음으로 간다.
   ②가능하면 안 갈 수 있는 방법을 찾는다. (이민 등)
   ③가능하면 덜 힘든 곳을 찾아 간다. (간호병 등)

(3) 어떤 사람이 병역을 면제받는 것이 좋다고 생각하십니까?
   你认为什么样的人可以免服兵役?

   - 아이가 여럿 있는 사람
   - 전염병이 있는 사람

   - _____
   - _____

(4) 다음 중 어느 제도가 가장 합리적이라고 생각합니까?
　　그 이유를 말해 보세요.
　　你认为下面哪一项制度最合理? 为什么?

　　①징병제-국민 모두가 군대에 가는 것(이스라엘)
　　②징병제-남자만 군대에 가는 것(한국)
　　③모병제-원하는 사람만 군대에 가는 것(중국, 미국 등)

(5) (4)처럼 선택한 이유는 무엇입니까?
　　你做出第(4)题中选择的原因是什么?

　　(　)남녀는 평등하기 때문에 군대도 차이를 두어선 안 된다.
　　(　)여자는 남자가 보호해야 하기 때문에 여자는 가지 않는 게 좋다.
　　(　)남자는 물론이고 모든 사람이 군대에 가고 싶지 않다.
　　　　그러므로 공평하게 하려면 남녀 모두 가야 한다.
　　(　)원하는 사람만 군대에 간다면 군대의 질이 더 좋아질 것이다.
　　(　)여자나 남자, 둘 중 한쪽만 군대를 가야 한다면 당연히 남자가
　　　　가야 한다.

(6) 만약 자신이 한국의 병역 제도를 개선한다면 어떻게 바꾸고 싶습니까?
　　자신의 의견을 발표해 보세요.
　　如果你可以改变韩国的兵役制度, 你打算怎么做? 请说说你的见解。

　▷ 아래의 보기 중에서 한국의 병역 제도에서 가능한 일은 무엇일까요?
　　下列各项中, 哪些在韩国兵役制度下是可能的?
　1. 일정한 교육과 훈련을 받으면 대학 학점을 받을 수 있다.
　2. 군대에 가지 않은 남자가 해외 여행을 가려면 신고해야 한다.
　3. 미리 신청하면 친구와 같은 부대에 입대할 수 있다.
　4. 쌍둥이가 같은 부대에 입대할 수 있다.
　5. 원하는 시기에 제대할 수 있도록 입대 시기를 결정할 수 있다.
　6. 공무원 시험 등 국가에서 주관하는 시험에서 가산점을 받을 수 있다.
　7. 군대에 가는 대신 관공서(경찰서, 소방서, 동사무소)에서 근무할 수 있다.

정답 : 2, 3, 4, 5, 7

2. 애국심에 대해 함께 이야기해 보십시오. *请和同学一起讨论"爱国心"。*

(1) 외국에 나가면 모두 애국자가 된다고 합니다. 여러분은 언제 애국심을 느낍니까?

据说一出国就爱国，你什么时候感觉到自己的爱国之心？

①우리나라 국기를 볼 때

②우리나라 사람을 만났을 때

③뉴스나 신문에서 우리나라에 대한 이야기가 나왔을 때

④기타: _____.

(2) 여러분은 한국 사람이 애국심이 강한 편이라고 생각합니까? 어떤 모습을 보면 애국심이 강하다고 느낍니까?

你认为韩国人爱国吗？他们的哪些行为让你感受到韩国人强烈的爱国心？

①스포츠 경기에서 열심히 응원하는 모습을 볼 때

②국산품을 애용하는 모습을 볼 때

③'우리나라'라는 말을 자주 사용하는 것을 볼 때

(3) 여러분이 생각하는 진정한 애국은 무엇이라고 생각합니까? 나라를 사랑하는 바람직한 방법에 대해 이야기해 보세요.

你觉得什么是真正的爱国？请说一说值得提倡的爱国之道。

▷ 각자 서로의 입장이 되어서 군대에 가는 것이 좋은지, 나쁜지에 대해 역할극을 해 봅시다.
请分别扮演下方给出的不同角色，说一说当兵的优缺点。

1 다음 달에 군에 입대할 남자
- 사법고시 준비를 하던 중.
- 2년 정도 사귄 여자 친구가 있음.
- 성격이 조금 여성스러움.

2 여자 친구
- 남자 친구가 군대에 가는 것을 원하지 않음.
- 1년 정도가 지나면 대학을 졸업하고 취직할 예정임.
- 부모님은 졸업 후 빨리 결혼하기 바람.

3 군 입대를 하는 남자의 아버지
- 남자가 군대에 다녀와야 한다고 생각함.
- 해병대를 제대했음.
- 남자는 강해야 한다고 생각함.

4 군대를 다녀온 선배
- 군대에 가는 것을 시간 낭비라고 생각했음.
- 제대 후 좀 더 남자다워졌다고 생각함.
- 군 복무 중 여자 친구에게 다른 남자 친구가 생겼음.

관용 표현

고무신을 거꾸로 신다
하라면 한다
군기가 들다 / 빠지다

▷ 다음 뉴스를 듣고 질문에 답하세요.
听新闻, 回答问题。

1. 현재 병사들의 평균 지출 비용은 얼마입니까?
士兵们的平均花销是多少?

                                    원

2. 병사들이 생활비를 지출하는 항목의 순서대로 1~3까지 쓰고 금액을
   적어 보십시오.
   请写出士兵们各项花销的金额并排序。

항목	순서	금액
외출과 외박		
간식과 군것질		
일용품(비누나 속옷)		

3. 다음 중 가장 지출을 많이 하는 군대의 순서대로 그래프에 쓰십시오.
   请按照花销从多到少的顺序, 在括号中写上相应的军种。

가. 육군
나. 해군
다. 공군
라. 해병대

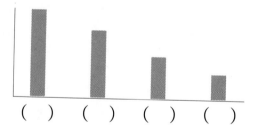

( ) ( ) ( ) ( )

4. 병사들은 부족한 생활비를 어떻게 충당한다고 합니까?
   士兵们如何贴补生活费不足的部分?

제 3 과

오늘 그 뉴스 들었어요?

你听说今天的那条新闻了吗?

● 오늘 하루 들었던 뉴스나 읽은 신문 기사 중에 친구에게 가장 알려
주고 싶은 것을 서로 이야기해 보세요.

在你今天听到或看到的新闻中, 最想和同学分享的是哪一条?

▷ 오늘 나온 기사입니다. 기사 내용이 무엇인지 생각한 후, 이야기해 보십시오.
以下是今天的新闻,请先看内容,再转述给同学。

김대현 군이 ×××× 년 ×× 월 ×× 일 서울지하철 6호선 안암역에서 아이를 구하기 위해 급히 건너편 선로로 달려가고 있다.

"집단 따돌림, 학교·학부모 모두 책임"
학교에서 발생한 집단 따돌림 사건에 대해 가해 학생의 학부모와 학교에 모두 책임을 져야 한다는 판결이 나왔습니다. 미리 예방을 소홀히 한 책임은 모두에게 있다는 것입니다.

1월1일	배 데이 🍊
3월3일	삼겹살 데이, 화장품 데이
	삼각김밥 데이, 아내의 날
5월2일	오이 데이 🥒
9월9일	치킨 데이 🍗
10월24일	사과 데이 🍎

무엇에 관한 내용입니까?
왜 이런 문제가 생깁니까?
중국에도 이러한 문제가 있습니까?

제목
기사 내용

B4-07

1. 다음 내용을 잘 듣고 물음에 답하세요. 听录音并回答问题。

(1) 들은 내용 중에 기념일 날짜가 있는 달을 표시해 보세요.
请标出录音中提到的有纪念日的月份。

1월	2월	3월	4월	5월	6월	7월	8월	9월	10월	11월	12월

(2) 들은 내용과 맞는 것은 ○, 틀린 것은 ×하세요. 判断。

① 밸런타인 데이는 여자가 남자에게 선물하는 날이다.

② 블랙 데이는 자장면을 먹는 날이다.

③ 화이트 데이는 2월 13일이다.

④ 11월에 있는 기념일은 빼빼로 데이이다.

(3) 이렇게 여러 가지 기념일이 생긴 이유는 무엇입니까?
为什么会出现这么多节日?

① 회사들이 물건을 광고하기 위해서

② 회사들이 물건을 판매하기 위해서

③ 사람들이 사랑하는 사람에게 고백하기 위해

(4) 잘 듣고 빈 칸을 채워 보세요. 听录音并填空。

① 이제는 그날을 _____ 어려운 많은 기념일을 만들고 있습니다.

② 본인에게 무엇이 필요한지를 _____ 한다고 지적합니다.

2. 다음 내용을 잘 듣고 물음에 답하세요. 请听下面内容并回答问题。

(1) 무엇에 대한 내용입니까? 录音讲的是哪方面的内容？

①  ②  ③

(2) 지금 들은 날씨는 언제 날씨입니까?
录音中提到的天气属于什么季节？

① 봄 ② 여름 ③ 가을 ④ 겨울

(3) 오늘 무엇에 대해 조심하라고 했습니까?
今天要注意什么问题？

① 감기 ② 황사 ③ 꽃샘추위 ④ 태풍

(4) 각 지방의 기온을 써 넣으십시오.
请写出各地的气温。

서울	대전

대구	광주

(5) 잘 듣고 빈칸을 채워 보세요. 听录音并填空。

① 오늘 외출하실 때는 마스크를 _____ 게 좋겠습니다.

② 내일도 전국이 대체로 _____ 아침 기온은 크게
떨어지면서_____.

잠깐! 광고 읽고 갑시다

무엇을 광고하고 있습니까?

옷차림도 전략입니다!
사람들은 그 사람이 얼마나 비싼 옷을
입었느냐가 아니고 어떤 스타일의 옷을
입었느냐에 따라 그 사람을 평가합니다.

3-2 세상에, 그런 일이 생기다니!
天哪，居然还有这种事！

로라와 사치코가 오늘 아침 뉴스에 나온 내용에 대해
이야기합니다.

사치코 로라 씨, 오늘 아침 뉴스나 신문 봤어요?

로 라 아니요, 무슨 특별한 사건이라도 있어요?

사치코 글쎄, 어제 오후에 지하철역에서 어떤 아이
가 장난을 치다가 선로 위로 떨어졌대요.

로 라 어머머, 그래서 어떻게 되었대요?

사치코 많은 사람들이 당황해하면서도 어떻게
해야 할지 몰랐겠죠? 혹시 지하철이 올까
봐 두려워 내려가지도 못하고.

로 라 그러면 사고가 났겠군요. 세상에, 그런 일
이 생기다니!

사치코 다행히 사고는 안 났대요. 맞은편 승강장
에 있던 젊은 청년이 뛰어내려 와서 아이
를 구했대요.

로 라 정말 천만다행이네요. 그 청년이 아니었
으면 큰일 날 뻔했네요.

사치코 맞아요. 요즘 이기적인 세상이라고 해도
그런 청년이 있어 살 만한 것 같아요.

 문법

● **-이라고 해도**

가 그 사람이 실수를 했지만 친구잖
아요? 용서해 줘요.

나 아무리 친구라고 해도 이번 일은
용서하기 어려워요.

가 선생님께 반말한 것은 그 사람이
외국인이라서 그런 거예요.

나 _____.

● **-다니**

가 그 부부는 아이를 5명을 낳겠다
고 해요.

나 요즘 세상에 아이를 5명이나 낳
겠다니.

 어휘

장난을 치다
선로
떨어지다
당황해하다
두렵다
승강장
맞은편
천만다행이다
이기적인

▷ 뉴스에 대해 우리 반 친구들과 이야기해 봅시다.
　　请和同学讨论今天的新闻。

1. 여러분은 뉴스를 자주 보는 편입니까? 주로 언제 많이 봅니까? 요즘 중국에서 가장
　 큰 화제가 되고 있는 뉴스는 무엇입니까?
　　你经常看新闻吗? 主要在什么时候看? 最近, 中国最受关注的新闻是什么?

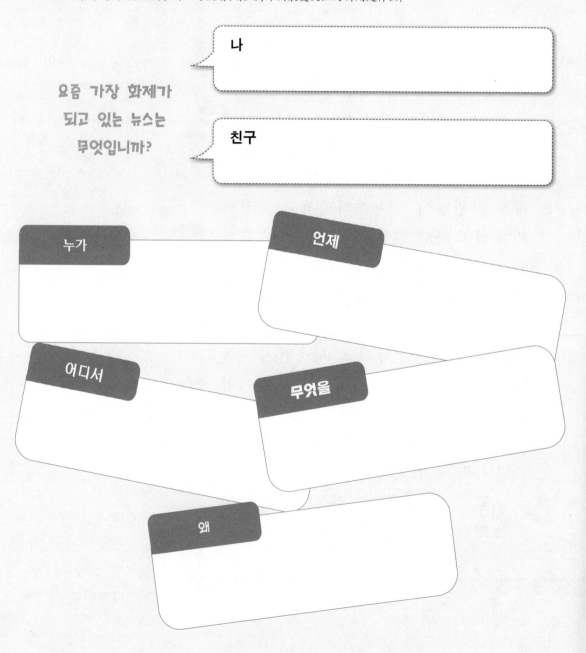

요즘 가장 화제가
되고 있는 뉴스는
무엇입니까?

나

친구

누가

언제

어디서

무엇을

왜

2. 다양한 뉴스를 찾아보고 그 기사의 내용은 무엇인지 이야기해 보세요.
  请找一些各个领域的新闻并说一说主要内容。

	어떤 뉴스예요?	왜 그 기사를 골랐어요?	왜 이런 일이 일어났을까요?
낙관적인 뉴스			
감동적인 뉴스			
비관적인 뉴스			
사건 사고 뉴스			
유익한 정보 뉴스			
마음에 드는 광고			

▷ 친구들과 관심 있는 이야깃거리를 찾고 조사한 후에 우리들의 뉴스를 만들어 봅시다.
请和同学一起选一个感兴趣的话题，查找相关资料后制作一则新闻。

회의(기삿거리 찾기)

촬영

인터뷰

정치부
1

경제부
2

사회부
3 대학가의 풍경, 연애……

문화부
4 다국적 문화

연예 / 스포츠
5 최근 인기가 있는 가수, 연예인 / 관심있는 스포츠

방법

먼저 앵커와 기자를 정하세요.
그리고 비디오를 촬영하여 보여 주세요.

9시 뉴스를 알려드리겠습니다

앵커　여러분 안녕하십니까?

　　　9시 뉴스를 전해 드리겠습니다.

　　　첫 번째 뉴스입니다.

　　　오늘 새벽 혜화동에 도난 사건이 있었습니다.

　　　_____기자!

기자　예, 여기는 혜화동입니다. _____

_____

_____

　　　이상 사고 현장에서 skku_____였습니다.

앵커　이상으로 9시 뉴스를 마치겠습니다. 고맙습니다.

도난 신고를 하다, 도둑이 들다, 물건을 훔쳐 가다,
사건이 터지다, 범인을 찾다

-에 따르면, -(으)ㄴ/는 것으로 밝혀지다

아기 보고 살림하는 남자 15만 명

앵커 전문직 여성의 증가와 괜찮은 일자리의 감소 등으로 집에서 아이를 돌보거나 살림을 맡는 남자, 이른바 '전업주부(专业主夫)'가 빠르게 늘고 있습니다. 이상은 기자가 취재했습니다.

기자 요즘 남자는 일을 하고 여자는 살림을 해야 한다는 전통적인 생각이 바뀌고 있습니다. 통계청에 따르면 육아와 가사 활동을 하는 남자 인구가 점점 늘어나는 추세에 있다고 발표했습니다. 가사와 육아에 전념하는 남성의 수가 늘어난 것은 최근 전문 직업을 가진 여성의 증가로 남성에 비해 높은 수입을 올리는 여성이 많고, 상대적으로 남성은 취업이 어려워지면서 생기는 현상입니다. 일반인들은 이에 대해 어떻게 생각하는지 물어보겠습니다.

청년 글쎄요? 구세대들은 남자가 집에서 아이를 보고 살림을 한다고 하면 능력이 없는 사내라고 생각하실지도 모르겠지만 요즘 젊은이들은 생각이 좀 다른 것 같아요. 남자가 꼭 일을 하고 여자가 집안일을 해야 한다는 것은 고정관념일 뿐이죠. 집에서 하는 일도 쉽지 않은 일로 남녀가 역할을 바꾸어서 하는 것뿐이죠.

기자 이처럼 젊은 세대들은 남녀 역할의 변화에 대해 긍정적인 반응을 보이고 있고 행동에도 변화를 보이고 있습니다. 지금까지 MBS 이승은이었습니다.

요즘 사람들 참 바빠요
现在的人真忙啊

● 도시 생활의 장점과 단점은 무엇입니까?

　　住在城市里有什么优缺点?

● 자신의 고향과 학교가 있는 도시를 비교하면 어떻게 다릅니까?

　　你家所在地和学校所在地相比, 有什么不一样?

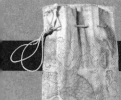
▷ 과거와 현대를 비교해서 말해 봅시다. 请比较过去和现在。

	과거	현재
의		
식		
주		
교통		
경제 생활		
인간관계		

> 옛날에는 _____ (았/었)는데 요즘에는 _____ 게 되었어요.

▷ 여러분의 요즘 생활에 대해 이야기해 보십시오.
请说一说你最近的生活。

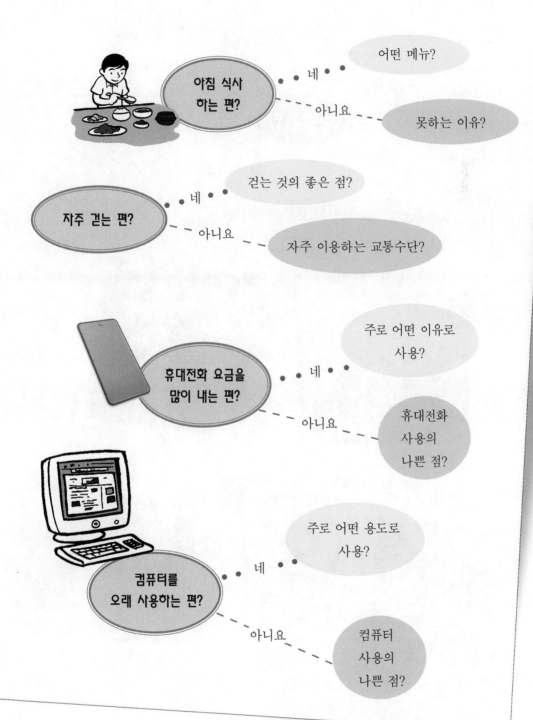

아침 식사
하는 편?

네 — 어떤 메뉴?

아니요 — 못하는 이유?

자주 걷는 편?

네 — 걷는 것의 좋은 점?

아니요 — 자주 이용하는 교통수단?

휴대전화 요금을
많이 내는 편?

네 — 주로 어떤 이유로
사용?

아니요 — 휴대전화
사용의
나쁜 점?

컴퓨터를
오래 사용하는 편?

네 — 주로 어떤 용도로
사용?

아니요 — 컴퓨터
사용의
나쁜 점?

▷ 현대 도시인들의 모습과 관련된 단어를 찾아 보십시오.
　　请找出与现代都市人相关的词。

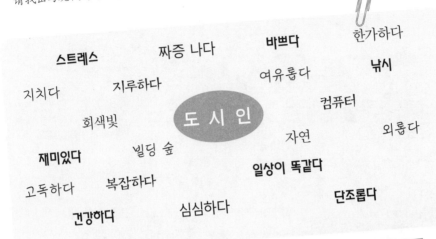

스트레스　　　짜증 나다　　　바쁘다　　　한가하다

지치다　　　지루하다　　여유롭다　　　낚시

회색빛　　　도 시 인　　　컴퓨터

자연　　　외롭다

재미있다　　빌딩 숲

일상이 똑같다

고독하다　　복잡하다

건강하다　　심심하다　　　단조롭다

붐비는
지하철

서서 가는
출근길

잦은
회식

근무
시간

긴장되는
회의

1. 다음 노래를 듣고 노래에 나타난 모습에 ○ 하세요.
   听歌并标出歌曲中出现的场景。

①

②

③

④

2. 다음 노래를 듣고 빈칸을 채워 보세요. 听歌并填空。

도시인

아침엔 우유 한 잔 점심엔 패스트푸드 _____ 처럼
시계바늘 보면서 거리를 가득 메운 _____ 소리
어깨를 늘어뜨린 학생들 This is the city life!

> **반복**
> 모두가 똑같은 얼굴을 하고 손을 내밀어 _____
> 가슴속에는 모두 다른 마음 각자 걸어가고 있는 거야.
> 아무런 말없이 어디로 가는가 함께 있지만 외로운 사람들

어젯밤 술이 덜 깬 _____ 두 눈으로 자판기 커피 한 잔
구겨진 셔츠 샐러리맨 기계 _____ 처럼 큰 빌딩 속에 앉아
점점 빨리 가는 세월들 This is the city life!

한 손엔 _____ 허리엔 삐삐 차고 집이란 잠자는 곳
직장이란 _____ _____ 빛의 빌딩들
_____ 빛의 하늘과 _____ 얼굴의 사람들 This is the city life!

3. 노래에 나타난 도시인들의 모습에 대해 짝과 함께 이야기해 보세요.
   请与同桌一起讨论歌曲中所唱的都市人。

1. 여러분은 도시와 시골 중 어느 곳에서 사는 것을 선호합니까? 그 이유를 각각의 장점과 단점을 함께 이야기해 보십시오.

   你喜欢住在城里, 还是乡下? 为什么? 请说一说两者的优缺点。

장점

단점

장점

단점

   (1) 요즘 한국에서는 복잡한 도시를 떠나 다시 농촌으로 돌아가는 귀농 인구가 늘어나고 있습니다. 도시인들이 도시를 떠나는 이유는 무엇이라고 생각합니까?

   最近, 越来越多的韩国人离开喧闹的城市搬到乡下, 你认为他们离开城市的原因是什么?

(2) 앞으로 여러분은 어디에서 살고 싶습니까?

未来，你想住在哪里？

>

2. 도시인들이 도시를 떠나 귀농하는 이유 중의 하나는 돈보다는 좀 더 나은 질의 삶을 찾는 '웰빙(Well Being)'을 꿈꾸기 때문입니다. 어떻게 사는 것이 '웰빙'일까요?

城里人搬到乡下的一个原因就是他们认为生活质量比金钱更重要，他们都有一个"安乐"的梦想，你认为什么样的生活方式算是"安乐"？

>

(1) 여러분이 생각하는 '잘 사는 것'에 표시해 보세요.

请标出你认为"好的生活方式"。

□ 바쁜 점심에 햄버거로 간편하게 식사를 때운다.

□ 비싸더라도 농약을 쓰지 않은 채소를 먹는다.

□ 아무리 바쁘더라도 요가나 헬스를 한다.

□ 취미 생활로 컴퓨터 게임을 한다.

□ 내가 원하는 것은 뭐든지 다 먹는다.

□ 일주일에 하루는 도시를 벗어나 맑은 공기를 쐰다.

(2) 여러분이 생각하는 잘 사는 법에 대해 이야기해 보세요.

请说一说你心目中的"好的生活方式"。

나만의 웰빙법

_____

_____

_____

_____

▷ 여러분은 어떤 교육 환경을 자녀에게 마련해 주고 싶습니까? 그 이유는 무엇입니까?

你想为子女提供一个什么样的教育环境? 为什么?

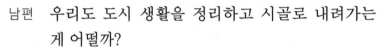

대화 🎧 B4-11

남편 우리도 도시 생활을 정리하고 시골로 내려가는
　　 게 어떨까?

아내 갑자기 무슨 말이에요?

남편 요즘 도시 생활을 정리하고 농촌으로 이사 가는
　　 귀농 가족이 늘어나고 있대.

아내 나도 들어본 적이 있어요. 근데 시골로 가면 답답하
　　 지 않을까요? 도시의 편리함을 포기할 수 있겠어요?

남편 쇼핑하기도 어렵고 사는 데 조금 불편하겠지만
　　 아이들 건강과 교육을 위해서 시골로 내려가는
　　 것도 나쁘지 않을 것 같아.

아내 교육 수준은 도시가 더 좋지 않나요?

남편 도시 아이들은 영어 학원에다가 컴퓨터 학원,
　　 또 태권도학원 등 학원 다니기에 바쁘고 그렇지
　　 않으면 컴퓨터 게임에 빠지기 쉬워서 인성 교육
　　 에 좋지 않을 것 같아.

아내 맞아요. 나 어렸을 땐 봄에는 나물 캐고 여름엔
　　 시냇물에 서 고기 잡고 가을엔 잠자리며 메뚜기
　　 를 잡았는데 겨울엔 동네 친구들과 눈싸움도 하
　　 고 그랬는데. 그게 진짜 산 교육이었던 것 같아요.

남편 내 친구도 아이들을 위해 귀농했다던데 정말 좋대.

아내 도시 아이들은 편리한 생활을 하는 데 반해 시골 아
　　 이들은 자연 속에서 재미있게 지낼 수가 있지요.

남편 우리도 귀농할까?

🏷 문법

● **-다던데**

민호 여기가 밭이었다던데 지금은
　　 고층 빌딩이 들어섰네요.

왕핑 그러게요. 서울은 참 빨리 변하는
　　 것 같아요.

● **动词 -(으)ㄴ/는 데**
비해/반해

제니스 백화점 쇼핑은 편리한 데 비해
　　 가격이 비싸요.

아키코 맞아요. 얼마 전 백화점에서
　　 산 똑같은 물건을 시장에서
　　 70% 가격에 파는 걸 봤어요.

🏷 어휘

포기하다
인성교육
정리하다
귀농
산 교육
눈싸움
나물
캐다

1. 귀농하기를 원하는 남편과 도시에 살기를 원하는 아내가 되어 역할에 맞게 이야기해
   보십시오.

   请分别扮演想要搬到乡下的丈夫和希望住在城里的妻子, 练习对话。

2. 우리 생활을 편리하게 하는 휴대전화와 인터넷 사용에 대해 이야기해 봅시다.

   手机和网络使我们的生活更加方便快捷, 请说一说它们的优缺点。

장 점	단 점
휴대전화	
인터넷	

▷ 교사와 학부모의 대화 내용입니다. 잘 듣고 물음에 답하세요.
请听教师和家长之间的对话并回答问题。

1. 철수 엄마는 아이의 어떤 문제로 선생님을 찾아 왔습니까?
   哲洙的妈妈找老师咨询了关于孩子的什么问题?

   ① 성적 문제   ② 컴퓨터 사용 문제
   ③ 친구 문제   ④ 스트레스 문제

2. 여러 학부모들이 컴퓨터 게임을 허락하는 이유는 무엇입니까?
   为什么很多家长允许孩子玩电脑游戏?

3. 들은 내용과 맞는 것은 ○, 틀린 것은 ×하세요. 判断。
   ① 컴퓨터 사용 환경을 불편하게 만든다. (   )
   ② 수영과 같은 재미있는 취미 활동을 하게 한다. (   )
   ③ 컴퓨터로 인터넷 학습을 하게 한다. (   )
   ④ 가능하면 혼자 하도록 하게 한다. (   )

4. 여러분이 선생님이라면 또 어떤 조언을 하겠습니까?
   如果你是老师, 还会给出什么样的建议?

관용 표현

눈코 뜰 새 없다
사람은 서울로 말은
    제주도로 보내라
10년이면 강산이 변한□

아침은 챙겨 드세요?

你吃早饭吗?

● 여러분은 규칙적인 식사를 하고 있습니까?

你吃饭有规律吗?

● 현대인의 질병에 대해 얼마나 알고 있습니까?

对于现代人的疾病, 你了解多少?

5-1 몸에 좋은 음식이 뭐예요?

哪些食物对身体好?

▷ 음식에 대해 우리반 친구들과 이야기해 봅시다.

与同学一起讨论美食。

1. 최근 3일 동안 여러분이 먹은 음식에 대해 이야기해 보세요. 맛이 어땠어요?

请说一说你最近三天都吃了什么,味道如何。

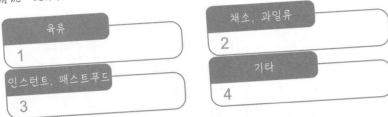

육류
1

채소, 과일류
2

인스턴트, 패스트푸드
3

기타
4

2. 다음 왼쪽 그림을 보면 무엇이 생각납니까? 연상되는 것과 연결해 보세요.

看到左边的图,你会想到什么? 请和联想到的右边图片连起来。

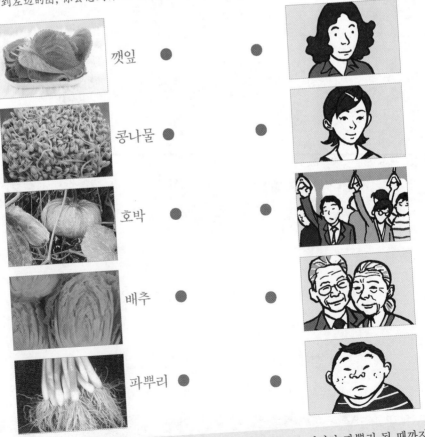

깻잎 머리, 콩나물 시루 같다, 호박 같다, 배추머리, 검은 머리가 파뿌리 될 때까지

▷ 다음 대화를 듣고 물음에 답하세요.
请听对话并回答问题。

1. 무엇에 관한 이야기입니까?
   这是有关什么的话题?

   ① 진호가 아픈 이유   ② 수업 시간에 친구들이 웃었던 이유
   ③ 아침 식사의 중요성   ④ 다이어트 하는 방법

2. 진호에 대한 내용이 아닌 것은 무엇입니까?
   下面哪一项与镇浩无关?

   ① 배가 고파서 기운이 많이 없어 보인다.
   ② 아침에 5분 더 자는 것이 좋아서 밥보다는 잠을 선택한다.
   ③ 왕으로서 특권을 제대로 누리고 있다.
   ④ 아침 식사를 좀 귀찮아한다.

3. 식사는 어떻게 하는 것이 좋다고 합니까? 다음 빈칸을 채우세요.
   你认为如何吃饭才是合理的? 请完成下面的句子。

   > 아침 식사는 (   )과 같이, 점심 식사는 (   )와 같이,
   > 저녁 식사는 (   )같이 하라.

4. 아침 식사를 거르는 잘못된 습관이 미치는 영향이 아닌 것은 무엇입니까?
   下面哪一项不是不吃早饭带来的影响?

   ① 뇌 기능이 저하된다.
   ② 쉽게 피로를 느낀다.
   ③ 각종 질병의 원인이 된다.
   ④ 점심 식사 때 소화가 잘 된다.

칭칭 쇼지 씨, 왜 그렇게 힘이 없어요?

쇼지 어제 잠도 못 잤을뿐더러 오늘 아침 식사도 못했거든요.

칭칭 무슨 일 있어요?

쇼지 이번 주말에 한국어능력시험이 있잖아요. 그래서 그런지 잠도 오지 않고 입맛도 없어요.

칭칭 쇼지 씨가 시험 때문에 스트레스를 많이 받나 봐요. 그럴수록 더 마음을 편하게 가지고 기분이 좋아지는 음식을 먹어 봐요.

쇼지 기분이 좋아지는 음식요?

칭칭 그래요. 초콜릿이나 사탕과 같은 달콤한 음식은 우울할 때 기분을 안정시켜 주고, 따뜻한 차는 복잡한 머리를 맑게 해 준대요.

쇼지 오늘 수업 후에 꼭 먹어야겠어요. 평소에 달콤한 음식을 좋아하지 않는 편이지만 칭칭 씨 이야기를 들으니까 왠지 입맛이 당기는데요.

● **문법**

● **-ㄹ뿐더러**

가 휴대전화를 친구에게 공짜로 받았다면서요?

나 네, 그런데 모양도 안 예쁠뿐더러 기능도 좋지 않아요.

가 오늘 날씨 어때요?

나 _____

● **-(으)ㄹ수록**

가 그 사람은 참 친절해요. 그렇죠?

나 볼수록 마음에 들고 정이 가요.

가 더위 때문인지 입맛이 없어요.

나 _____

● **어휘**

입맛이 당기다
달콤하다
우울하다
복잡하다
안정시키다

1. 건강에 좋은 음식을 알고 있습니까? 중국에는 어떤 음식이 어디에 좋다고 이야기 합니까?

你知道哪些有益健康的食物？中国人认为哪些食物对人体的哪些器官有好处？

▶ 건강을 위해 일상생활에서 무엇을 하나요? 이야기해 보세요.

请说一说你平时为了保持健康都会做什么。

- 음식은 보통 30번~50번 정도 씹는다.
- 편식을 하지 않고 골고루 잘 먹는다.
- 밤에 자기 전에는 음식을 먹지 않는다.
- 하루 30분, 꼭 걷는 연습을 하거나
  밖에 나가 바람을 쐬고 햇볕을 쬔다.
- 스트레스를 받으면 바로 풀어 준다.

2. 패스트푸드와 슬로푸드를 알고 있습니까? 어떤 장점과 단점이 있습니까?

你知道快餐（fast food）和慢食（slow food）吗？它们各有什么优缺点？

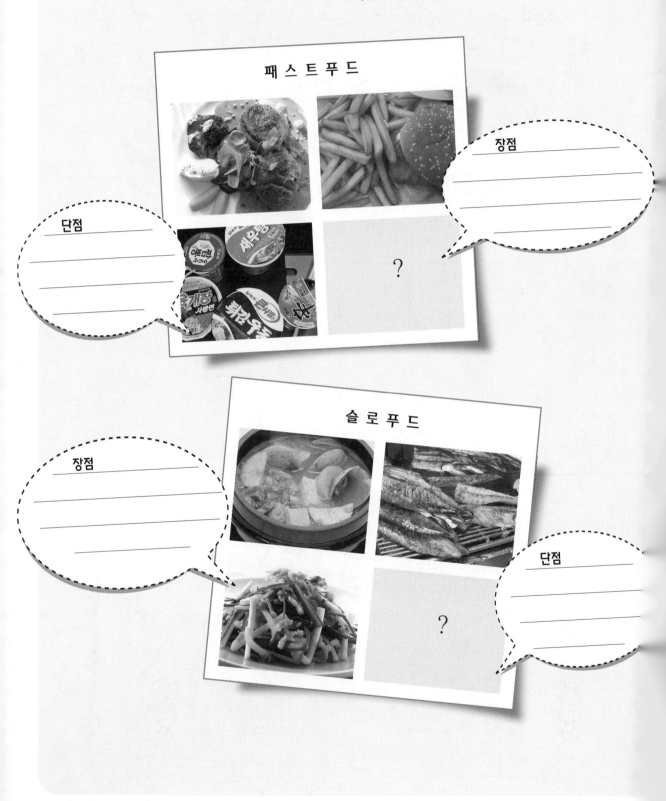

패 스 트 푸 드

장점

단점

?

슬 로 푸 드

장점

단점

?

1. 여러분은 어떤 방법으로 스트레스를 풉니까? 자신의 스트레스 해소 방법을
   이야기해 보세요.

   你用什么方法缓解压力? 请说一说自己的减压小妙招。

잠, 노래방, 게임, 샤워하기, 음악 감상, 친구 만나기, 책 읽기……

2. 여러분은 왜 스트레스를 받아요? 사람들이 스트레스를 받는 이유는 무엇일까요?

   你为什么会有压力? 人们为什么感到有压力?

학생	주부	직장 인

3. 스트레스와 관련된 현대인의 질병에 대해 알아봅시다. 어떤 것들이 있을까요?
   자신의 경험에 대해 이야기해 보세요.

   压力会给现代人带来哪些疾病? 请说一说自己的经历。

과로, 건망증, 불면증, 고혈압, 심장마비, 대인공포증……

1. 건망증을 경험한 적이 있습니까? 어떤 일이 있었습니까? 여러분의 경험을 말해 보십시오.

你得过健忘症吗? 当时发生了什么? 说说你的经历。

▷ 그림에서 남자가 기름을 다시 빼달라고 하는 이유는 무엇입니까?
여러분이라면 어떻게 하겠습니까?

图中男子为什么要求把汽油倒回去? 如果是你, 你会怎么做?

2. 건망증 자가 진단입니다. 친구와 함께 해 보세요.

下面是健忘症的自我小测验，与同学一起做一做。

1. 전화번호나 사람 이름을 자주 잊어버린다. ( )
2. 어떤 일이 일어났는지 기억하지 못할 때가 있다. ( )
3. 며칠 전에 들었던 이야기를 잊어버린다. ( )
4. 오래전부터 해 오던 일은 잘하지만, 새로운 것은 배우기 힘들다. ( )
5. 반복되는 일상생활에 변화가 생겼을 때 금방 적응하기 힘들다. ( )
6. 가족의 생일이나 결혼기념일 등 중요한 날짜를 잊어버린다. ( )
7. 같은 이야기를 반복해서 이야기한다. ( )
8. 어떤 일을 해 놓고도 잊어버리고 또 한다. ( )
9. 약속을 해 놓고 잊어버린다. ( )
10. 이야기하는 도중에 무슨 이야기를 하고 있는지 잊어버린다. ( )
11. 약 먹는 시간을 잊는다. ( )
12. 여러 가지 물건을 사러 갔다가 한두 가지 빠뜨린다. ( )
13. 가스 불 끄는 것을 잊어 음식을 태운다. ( )
14. 같은 질문을 반복한다. ( )
15. 어떤 일을 해 놓고도 했는지 안 했는지 몰라서 다시 확인한다. ( )
16. 물건을 두고 다니거나 가지고 갈 물건을 놓고 간다. ( )
17. 하고 싶은 말이나 표현이 금방 생각나지 않는다. ( )
18. 늘 쓰는 물건을 어디에 두었는지 몰라서 찾는다. ( )
19. 전에 가 본 장소를 기억하지 못한다. ( )
20. 물건을 항상 두는 장소를 잊어버리고 다른 곳에서 찾는다. ( )

- 0~7개   이 정도는 일반적인 현상이고 건망증이 아닙니다.
- 8~11개   건망증에 속하지만 심각한 상태는 아닙니다. 간단한 생활 습관으로 나아질 수 있습니다.
- 12~15개 확실한 건망증입니다. 치료를 받으시는 것이 좋겠습니다.
- 16~20개 심각한 건망증이라고 볼 수 있습니다.

3. 건망증을 개선시키기 위한 방법에는 어떤 것들이 있는지 이야기해 보세요.

请说一说哪些方法可以减轻健忘症。

예) 전화번호를 외운다. 뒤로 걷는다.

4. 여러분이 아래와 같은 질병이 있다고 생각해 보십시오. 원인과 증상을 살펴보고 어떤 해결 방법이 있는지 친구와 상담해 봅시다.

假设你有下列疾病, 请了解病因和症状并向同学咨询应该如何治疗。

두통 　건망증 　만성 피로 　짜증 　불면증

어지럼증 　조울증 　아줌마

요즘 제가요……

이렇게 해 보세요!

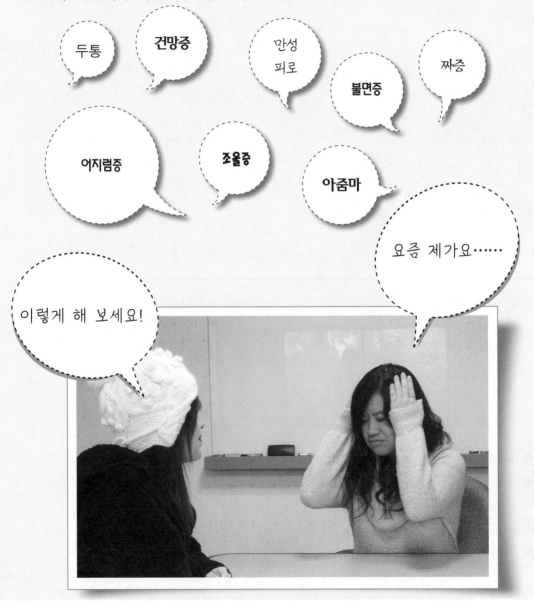

▷ 다음 대화를 잘 듣고 물음에 답하세요.
听对话, 回答问题。

1. 현대인의 질병이 아닌 것은 무엇입니까?
   下面哪一项不是现代人的疾病?

   ① 고소공포증   ② 우울증
   ③ 건망증   ④ 불면증

2. 다음 들은 내용과 맞지 않은 것은 무엇입니까?
   下面哪一项与所听内容不符?

   ① 스트레스가 꼭 나쁜 것만은 아니다.
   ② 미국의 조사에 따르면 스트레스 중 가장 큰 것은 배우자의 죽음이다.
   ③ 정신적으로 좋은 영향을 주는 스트레스도 있다.
   ④ 스트레스는 만병의 근원이라고 할 만큼 나쁜 영향만 준다.

3. 다음 듣기에서 말하는 좋은 스트레스에 해당하는 것은 무엇입니까?
   录音中提到的属于良性压力的是哪一项?

   ① 직장 상사와 맞지 않아 회사에 가는 것이 너무 큰 스트레스가 된다.
   ② 다음 달에 아주 중요한 시험이 있는데 그 시험에 떨어질까 봐 두렵다.
   ③ 사랑하는 사람과 결혼을 준비하는데 신경 쓸 일이 많아 스트레스가
      쌓인다.
   ④ 요즘 윗집에서 밤새 시끄러워서 잠을 잘 수가 없다.

젊고 건강하게 사는 법

■ **자신에게 휴식을 줘라**

적어도 이틀에 한번 정도는 10~20분 정도 조용한 곳에 앉아서 눈을 감고 몸의 긴장된 근육과 목, 어깨도 적당하게 이완시켜 줘야 한다. 이때 깊은 호흡은 긴장을 이완하는 데 큰 도움이 된다.

■ **소파에서 일어나라**

피곤하고 바쁜 현대인들은 저녁 밥 먹기가 무섭게 소파로 달려가 가장 편안한 자세로 잠들기 전까지 소파가 한 몸인 양 붙어 있다. 귀찮더라도 하루에 조금씩 걷는 것, 노화 방지와 건강한 삶을 위한 최소한 우리가 해야 할 일이다.

■ **열정을 가져라**

나이가 들면서 세상의 모든 일이 다 귀찮아진다. 누군가를 사랑하는 일도 귀찮고 새롭게 무언가에 열정을 갖고 도전하는 일은 더 무섭다. 그러나 의사들은 열정이나 무언가에 빠지는 것이야말로 스트레스에서 벗어나는 확실한 약이라고 조언한다.

■ **가능한 한 뇌를 많이 써라**

퍼즐, 브레인 게임, 손을 이용할 수 있는 컴퓨터 게임 등 머리를 쓸 수 있는 게임이 뇌의 노화를 방지할 수 있다.

제 6 과

성공 비결이 뭐예요?

成功的秘诀是什么?

● 여러분은 인생에서 무엇이 가장 중요하다고 생각합니까?

你认为人生中最重要的是什么?

● 그것은 어떻게 얻을 수 있다고 생각합니까?

你认为如何才能得到它?

믿거나 말거나 심리 테스트 *信不信由你——心理测试*

1. 여러분이 5마리의 동물들과 여행하게 되었습니다. 그런데 여행 중에 어려운 일이 생겨 사랑하는 동물들을 버릴 수밖에 없게 된다면 여러분은 어떤 동물을 제일 먼저 버리겠습니까? 순서대로 동물의 이름을 써 보세요.

염소   호랑이   소   원숭이   말

2. 사람들은 누구나 살아가면서 중요하게 생각하는 것이 다릅니다. 당신은 어떻습니까? 여기 동시에 당신이 해결해야 할 5가지 일이 있습니다. 한꺼번에 주어진 일들에서 당신은 어떤 일을 먼저 해결하겠습니까? 이 테스트는 당신이 인생에서 중요하게 생각하는 것이 무엇인지를 알아보는 것입니다.

가. 전화벨이 울리고 있다

나. 아기가 울고 있다

다. 누군가 현관문을 두드리거나 벨을 누르고 있다

라. 마당에 걸어 놓은 빨래가 비에 젖고 있다

마. 부엌 개수대에서 물이 넘치고 있다

풀이는 다음 쪽에 있습니다.

심리테스트 풀이 *心理测试选项解读*

염소
사랑

호랑이
자존심

소
재물

원숭이
자녀

말
일

풀이 가
전화는 당신의 직업이나 경력을 의미합니다. 이것을 1순위로 선택했다면 당신은 삶에서 직업과 그 직업에서의 경력을 중요시하는 사람입니다.

풀이 나
아기는 당신의 가족을 의미합니다. 이것을 1순위로 선택했다면 당신은 인생에서 가장 중요한 것이 가족이라고 생각하는 가정적인 사람입니다.

풀이 다
방문객은 당신의 친구를 의미합니다. 이것을 1순위로 선택한 사람은 친구를 인생에서 가장 중요한 것이라고 생각하는 의리 있는 사람입니다.

풀이 라
빨래는 남녀 간의 사랑을 의미합니다. 이것을 1순위로 선택했다면 당신은 인생에서 가장 중요한 것이 사랑이라고 생각하는 사람입니다.

풀이 마
넘치고 있는 물은 돈이나 부를 의미합니다. 이것을 1순위로 선택했다면 당신은 금전적인 부를 인생에서 가장 중요하다고 생각하는 물질 지향적인 사람입니다.

▷ 여러분에게 이런 일이 생긴다면 어떻게 하시겠습니까?

如果遇到下面这种情况, 你会怎么办?

김영준은 외모도 괜찮고 신체도 건강한 편입니다. 그런데 약간 바보 같을 정도로 착한 남자입니다. 그는 작은 출판사 직원인데 같은 직장 동료 여직원인 이수진을 짝사랑합니다. 그렇지만 아직 한번도 고백을 해 보지 못했습니다. 게다가 그녀는 영준에게 전혀 관심이 없을뿐더러 가끔 그를 무시하는 발언까지 합니다. 그래도 영준은 수진이 좋기만 합니다. 그러던 어느 날 영준은 작은 수첩을 주웠는데 거기에 이렇게 적혀 있었습니다. "간절히 원하는 세 가지 소원을 여기에 적으세요. 그러면 그 소원이 이루어질 것입니다. 단, 그 소원은 되돌릴 수 없습니다." 수진에게 관심을 얻기 위해 고민하던 중에 영준은 이 글을 읽고 솔깃해졌습니다. 영준은 고민하다가 결국 수진을 얻기 위해 소원을 적는데……

(1) 여러분은 그 수첩에 어떤 것을 적겠습니까? 그 이유는 무엇입니까?

你会写什么? 为什么?

	3가지 소원	이유
1		
2		
3		

외모	권력	부	영예	**우정**	지혜	**힘**	사랑

지위 **가족** 건강 **능력** 지식 **재능**……

(2) 여러분은 무엇을 갖고 싶습니까? 가지고 싶은 세 가지 말해 보십시오.

你想要什么? 请说出你想拥有的三种东西。

	3가지 소원	이유
1		
2		
3		

▷ 다음 대화를 잘 듣고 물음에 답하세요. 请听对话并回答问题。

1. 두 사람은 무엇에 대해 이야기 하고 있습니까? 两人在聊什么?
   ① 돈   ② 행복   ③ 명예   ④ 존경   ⑤ 성공

2. 민수 씨가 성공하려는 이유가 아닌 것을 모두 찾으세요.
   下面哪些不是民洙想要成功的原因?
   ① 돈을 많이 벌 수 있다.
   ② 행복을 얻을 수 있다.
   ③ 명예를 얻을 수 있다.
   ④ 다른 사람들에게 존경을 받을 수 있다.
   ⑤ 아이들을 잘 키울 수 있다.

3. 수진과 민수가 원하는 것을 잘 연결하세요.
   请将秀珍、民洙与他们各自的愿望连接起来。

   수진 •   • 빌게이츠처럼 돈을 벌고 싶다.

   민수 •   • 테레사 수녀처럼 존경받는 사람이 되고 싶다.

4. 위 내용을 듣고 자신이 평소에 생각하는 성공은 어떤 것인지 친구들과 이야기해 보세요.
   听完录音, 请和同学一起讨论自己平时想要的成功是什么。

지영 인생에서 가장 중요한 것은 뭘까?

민수 글쎄, 생각해 본 적이 없어서 뭐라고 답하기가 어렵다. 넌 뭐라고 생각해?

지영 난 뭐니 뭐니 해도 건강이라고 생각해. 건강을 잃으면 전부를 잃은 거라고 하잖아.

민수 그렇긴 하지만 건강하다고 해서 다 해결되는 것은 아니지. 건강해도 지식이 없거나 돈이 없으면 생활하기 힘들어. 그러면 행복하지 않을 것 같아.

지영 그럼 우리를 행복하게 하는 건 뭘까?

민수 이 세상에 정말 그런 것이 있을까? 난 행복이나 성공이 모두 자기만족에서 나오는 것이라고 생각해.

지영 그러니까 네 말은 행복이나 성공은 모두 자기 마음에 달려 있다는 거네?

민수 그렇지. 자기가 지금 상태를 어떻게 생각하느냐에 따라 다르다는 거지.

지영 그래도 좀 어렵다. 다른 친구들은 뭐라고 생각하는지 한번 물어 보자.

● **-다고 해서 다 -(으)ㄴ것은 아니다**

가 그 사람은 참 좋겠다. 좋은 회사도 다니고 돈도 많이 벌어서……

나 좋은 회사에 다닌다고 해서 다 행복한 것은 아니에요.

가 그 사람은 장남이니까 책임감이 강할 것 같아.

나 글쎄. _____ .

● **-에 달려 있다**

가 전 행복하게 살고 싶어요. 어떻게 하면 행복해질까요?

나 행복해지고 싶니? 그러면 마음을 바꿔 봐. 행복하고 안 하고는 마음먹기에 달려 있거든.

어휘

인생
자기만족
성공
뭐니 뭐니 해도

1. 유명하거나 존경할 만한 사람들이 많이 있습니다. 그런 사람들에 대해 이야기해 봅시다.
   世界上有很多有名或值得尊敬的人，请说说你对他们的看法。

공자   아인슈타인   이백

나폴레옹   제갈공명   베토벤

(1) 위 인물 중에 아는 사람이 있습니까? 上面这些人物中有你了解的吗?

(2) 그들은 왜 유명합니까? 여러분은 그들이 성공했다고 생각합니까? 그 이유는 무엇입니까?

这些人为什么有名? 你认为他们成功了吗? 为什么?

_____

_____

_____

_____

(3) 그들의 성공 비결이 무엇이라고 생각합니까?

你认为他们成功的秘诀是什么?

_____

_____

_____

_____

2. 여러분은 존경하는 사람이 있습니까? 그분은 누구입니까? 왜 그분을 존경하는지 이유를 이야기해 보세요.

你有没有特别尊敬的人? 他(她)是谁? 你为什么尊敬他(她)?

	존경하는 사람	이유
나		
친구1		
친구2		

재능을 타고 나다
좋은 부모를 만나다
운이 좋다

1. 여러분은 살아오면서 언제가 가장 힘들고 어려웠습니까?

   到目前为止, 你遇到过的最困难的事是什么?

2. 여러분 혹시 보아를 아세요? 보아는 한국 가수입니다. 보아가 어떻게 가수가 되었고 성공하게 되었는지 이야기해 봅시다.

   你知道宝儿吗? 她是位韩国歌手。请说一说她是如何成为歌手并最终成功的。

       보아의 삶, 그리고 성공

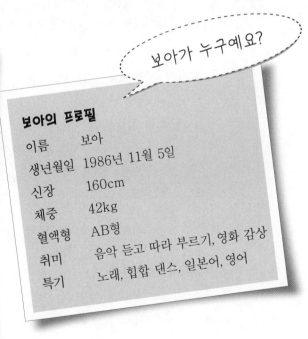

보아가 누구예요?

보아의 프로필

이름	보아
생년월일	1986년 11월 5일
신장	160cm
체중	42kg
혈액형	AB형
취미	음악 듣고 따라 부르기, 영화 감상
특기	노래, 힙합 댄스, 일본어, 영어

▷ 보아에 대한 인터뷰입니다. 잘 듣고 질문에 답하세요.
下面是对宝儿的采访，请听录音并回答问题。

1. 보아는 언제 가수로 캐스팅 되었습니까? 宝儿是什么时候作为歌手出道的？

2. 보아는 언제 그만두고 싶었다고 합니까? 宝儿什么时候想过放弃？
   ① 초등학교 6학년 때
   ② 연습이 너무 힘들었을 때
   ③ 늦게 들어온 가수 준비생이 먼저 데뷔했을 때
   ④ 연습도 게을리하고 레슨을 빠지고 많이 방황했을 때

3. 보아는 언제 일본에서 데뷔했습니까? 宝儿何时在日本出道？
   ① 13살, 2000년   ② 13살, 2001년
   ③ 14살, 2000년   ④ 14살, 2001년

4. 일본에서의 생활은 어땠습니까? 宝儿在日本的生活怎么样？
   ① 처음부터 꾸준히 인기가 있었다.
   ② 외롭고 힘들었지만 일본어를 열심히 공부하기로 했었다.
   ③ 사랑하는 가족들과 친구들과 함께 잘 지냈다.
   ④ 레슨도 열심히 하고 노래도 열심히 했었다.

5. 보아가 성공한 이유는 무엇이라고 생각합니까?
   你认为宝儿为什么能成功？
   ① 외롭고 힘들었던 10대가 지금의 보아를 만들었다.
   ② 일본어를 잘해서 처음부터 꾸준히 인기가 있었다.
   ③ 앨범 활동을 많이 해서 성공할 수 있었다.
   ④ 솔직한 모습을 보여 줘서 성공하게 되었다.

6. 보아의 올해 계획은 무엇입니까? 宝儿今年的计划是什么？
   ① 한 해를 잘 마무리하는 것
   ② 'LISTEN TO MY HEART'를 인기 순위에 올리는 것
   ③ 다양한 경험을 하는 것
   ④ 새로운 앨범 활동을 하는 것

1. 자신의 꿈을 이루기 위해 성공한 사람들에게 비결을 들어보는 것도 좋은 방법입니다. 성공한 사람들의 인터뷰 기사나 성공 비결을 친구와 서로 이야기해 봅시다.

   要实现梦想，不妨去学一学成功人士的成功秘诀。请与同学讨论成功人士的采访报道或成功秘诀。

   성공이란 뭘까요? 여러분이 생각하는 성공한 인생에 대해서 이야기해 보세요.

   내가 생각하는

   성공한 인생이란

   _____ 것이다

   예)성공한 인생이란 자기 삶에 만족하는 것이다
   　 성공한 인생이란 자기가 원하는 것을 이루는 것이다

2. 여러분이 꿈꾸는 일을 이루기 위해 어떤 습관을 길러야 한다고 생각합니까?

   你认为，要实现梦想需要养成哪些习惯？

   (1) 여러분이 가지고 있는 습관 중에서 좋은 습관과 고치고 싶은 습관을 이야기해 보고 왜 그런지 이유를 이야기해 주세요.

   请说一说你目前的习惯中，哪些是好习惯，哪些是你希望改正的习惯，为什么。

좋은 습관	고치고 싶은 습관
이유	

(2) 성공하기 위해 길러야 할 습관 7가지에 대해 이야기해 보세요.

请说一说要想成功必须养成的7种习惯。

성공하기 위한 7가지 습관	
1	
2	
3	
4	
5	
6	
7	

자신감을 갖는다   **적극적으로 행동한다**

모든 일에 긍정적인 면을 찾는다   **내 주위에 있는 사람을 내 편으로 만든다**

항상 도전하는 마음을 갖는다   **내 이익에만 신경을 쓰지 않는다**

3. 여러분은 시간을 어떻게 사용하십니까? 아래 표를 보면서 여러분의 시간을 어떻게 사용하고 있는지 친구와 이야기해 보세요.

你如何管理自己的时间? 根据下边的图表, 告诉同学你都是如何分配时间的。

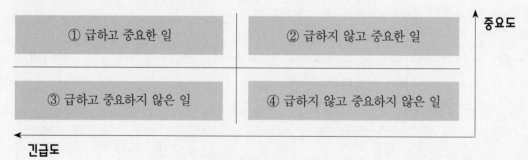

(1) 급하고 중요한 일은 어떤 것이 있습니까?

(2) 급하지만 중요하지 않은 일은 어떤 것이 있습니까?

(3) 급하지 않지만 중요한 일은 어떤 것이 있습니까?

(4) 급하지도 않고 중요하지도 않은 일은 어떤 것이 있습니까?

오늘 하루 할 일

-일기를 쓴다

-오늘 할 일을 미리 점검한다

-숙제나 과제를 한다

-쇼핑을 한다

-영어나 제2외국어를 공부한다

-컴퓨터 게임을 한다

-텔레비전 시청을 한다

-친구와 영화를 본다

-아침, 저녁으로 운동을 한다

-책을 읽는다

-여행을 한다

-시사 뉴스를 스크랩한다

-학교 수업을 듣는다

-친구와 수다를 떤다

나의 일과		우선순위
오전		
오후		
밤		

4. 여러분이 생각하는 성공한 삶의 모습은 어떤 모습입니까? 20년 후의 나의 하루를
   이야기해 주세요.

   你认为成功的人生应该是什么样子? 请想象20年后你的一天。

성공한 나는 어떤 모습?

20년 후 나의 하루
아침
점심
저녁

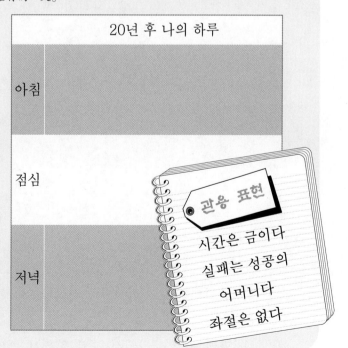

관용 표현

시간은 금이다

실패는 성공의

어머니다

좌절은 없다

1 钱要省着花

B4-02

1. 1)× 2)○ 3)○ 4)○

2. 1-모스크바, 2-서울, 3-도쿄

국제 설문조사 기관이 2006년 12월 26일 발표한 보고서에 따르면 세계 144개국 도시 중 서울이 두 번째로 물가가 비싼 도시라고 했습니다. 이 기관은 주택, 교통, 음식 등 200여 개 항목의 비용을 조사, 발표했습니다. 지난해 4위였던 모스크바가 지난해 1위였던 도쿄를 제치고 1위를 차지한 데 이어 서울은 작년 5위에서 2위로 뛰어올랐습니다. 이에 반해 지난해 1위였던 도쿄는 3위로 떨어졌습니다. 그 밖에 10위권 내의 도시들은 홍콩, 런던, 오사카, 제네바 등이었습니다.

　　国际问卷调查机构2006年12月26日发布的一份报告显示：在全世界144个国家的城市中，首尔物价第二高。该机构调查了住房、交通、餐饮等200多项费用。（现在）去年排名第4的莫斯科力压去年排名第1的东京，首尔从去年的第5位上升到了第2位，而去年位居首位的东京则降至第3位。此外，排名前十的城市还包括香港、伦敦、大阪、日内瓦等。

B4-03

1. ②

2. ①

3. 부모님이 반대를 많이 하셔서 어려웠다.

4. 세계적인 쇼핑몰 회사를 만들 계획

앵커：한 달에 수천 만원에서 수억 원까지 버는 10대 사장님들이 있다고 합니다. 그 비법이 뭘까요? 오늘은 10대 사장님의 부자 되는 방법에 대해 들어보겠습니다. 안녕하세요. 어떻게 인터넷 쇼핑몰 사업을 시작하게 되었습니까?

예슬：처음에는 그냥 제가 좋아하는 스타일의 옷과 액세서리를 개인 홈페이지에 올렸어요. 그런데 친구들이 어디에서 샀냐고 물어보는 거예요. 제가 물건을 잘 고르는 안목이 있대요. 그래서 인터넷 쇼핑몰 사업을 시작하게 되었어요.

앵커：요즘 문을 닫는 인터넷 쇼핑몰도 많은데 예슬 양의 쇼핑몰은 일손이 부족하다고 들었어요. 비법이 무엇이라고 생각하십니까?

예슬：10대들의 눈높이를 맞춘 거죠. 10대들은 튀고 싶어해요. 남들과 똑같은 것을 싫어하죠. 저는 이런 10대들의 마음을 잘 알아요. 제가 10대이기 때문이죠. 대부분의 10대들은 부모님이 골라준 옷을 마음에 들어하지 않아요. 이런 점을 생각해서 다른 쇼핑몰에서는 절대로 볼 수 없는 스타일의 옷만 골라요.

앵커：사업을 하면서 어려운 점은 없었나요?

예슬：처음엔 부모님이 반대를 많이 하셨어요. 공부에도 방해가 될 거라고요. 그렇지만 요즘은 든든한 후원자가 되어 주세요.

앵커：네, 잘 들었습니다. 앞으로의 계

획은 어떻습니까?

예슬 : 사업을 하면서 더 공부해야겠다는 생각이 들었습니다. 지금부터는 공부에 좀 더 신경을 써서 대학교에 진학하고 싶어요. 경영학을 전공해서 지금 운영하고 있는 쇼핑몰을 세계적인 회사로 만드는 것이 제 목표예요.

앵커 : 꼭 그 꿈을 이루시기 바랍니다. 지금까지 10 대 사장 한예슬 양의 인터뷰였습니다.

主持人 : 听说有些才十几岁的总裁一个月就能赚数千万到数亿韩元，他们的财富秘诀是什么？今天让我们一起来听一听年轻总裁的致富方法。你好，你是如何开始自己的电商事业的？

艺 瑟 : 刚开始，我只是把自己喜欢的衣服和饰品上传到个人网站，但随后就有朋友问我是在哪里买的，还说我很有挑东西的眼光，于是我就开了网店。

主持人 : 最近也有不少网店关门了，但听说你的网店反而人手不足，有什么秘诀吗？

艺 瑟 : 主要是符合十几岁青少年的审美吧。这个年龄段的人都想突显自己，讨厌和别人一样的东西。我很了解他们的心态，因为我也十几岁。大部分同龄人不喜欢父母给他们挑选的衣服，基于这一点，我只上线在其他网店绝对看不到的衣服。

主持人 : 在创业的过程中，有没有遇到什么困难？

艺 瑟 : 刚开始，父母非常反对，认为这会妨碍学习，但现在，他们已经成了我坚实的后盾。

主持人 : 好的，那你以后有什么计划？

艺 瑟 : 我想一边做生意，一边学习。我想在学习上多花些心思，在大学里好好学习。我的

专业是经营学，我想把现在的网店打造成世界级的公司。

主持人 : 祝你成功。以上是对十几岁总裁韩艺瑟的采访。

2 你退伍了？

B4-04

어색해진 짧은 머리를 보여 주긴 싫어
손 흔드는 사람들 속에 그댈 남겨 두긴 싫어
삼 년이라는 시간 동안 그댄 나를 잊을까
기다리지 말라고 한 건 미안했기 때문이야
그곳의 생활들이 낯설고 힘들어
그대를 그리워하기 전에 잠들지도 모르지만
어느 날 그대 편질 받는다면
며칠 동안 나는 잠도 못 자겠지
이런 생각만으로 눈물 떨구네
내 손에 꼭 쥔 그대 사진 위로

我不想让你看到我尴尬的短发
我不想把你留在挥手的人群中
在这三年的时间里，你会忘记我吗？
让你别等我，是因为我很抱歉
那里的生活又陌生又辛苦
也许会在思念你之前就睡着
如果有一天收到你的信
接下来的几天我都会睡不着
一想到这个就会掉眼泪
落在我手中你的照片上

B4-06

1. 13 만 2 천원
2. 순서 -1, 2, 3/ 금액 -6 만 8 천원 , 2 만 6 천원 , 8 천 5 백원
3. 공군 - 해병대 - 육군 - 해군

4. 부모에게 송금받는다.

앵커 : 신세대 병사들의 생활비가 얼마나 될까요? 자신의 월급보다 훨씬 많이 지출해 부모 신세를 지는 것으로 나타났습니다. 김태욱 기자입니다.

기자 : 과거보다 많이 자유로워진 군 생활. 일반 사회의 젊은이들처럼 옷값이나 통신비 걱정은 없지만 병사들이 돈을 쓸 일은 적지 않습니다.

군인 : 매점에서 먹을 것 좀 사 먹고 책도 사서 보고, 외박 때도 써야 합니다.

기자 : 병사들의 생활비는 월평균 13만 2천원, 외출·외박 때 가장 많은 6만 8천원을 쓰고 있고, 간식과 군것질에 2만 6천원, 비누나 속옷 등 일용품을 구입하는 데도 매달 8천 5백원씩을 쓰고 있습니다. 특히 공군이 월평균 14만 7천원으로 가장 씀씀이가 컸고, 이어 해병대, 육군, 해군의 순이었습니다. 가장 적게 쓰는 해군은 공군 병사보다 매달 3만원 가까이 돈을 덜 쓰고 있습니다. 문제는 현재 병사들의 월급이 생활비에 아주 모자란다는 점입니다. 현재 상병을 기준으로 병사들이 받는 월급은 8만원, 결국 평균 5~6만원 정도를 매달 부모에게 송금받고 있는 셈입니다.

군인 : 군대에서 주는 물건만 쓰면 돈이 안 드는데 매점에서 사서 쓰는 물건이 많으니까 모자라는 사람도 많습니다.

기자 : 그럴 경우는 어떻게 해요?

군인 : 많이 부족할 땐 집에 송금해 달라고 할 수밖에 없습니다.

기자 : 이런 이유로 국방 연구원은 병사의 월급을 현재의 수준보다 전반적으로 올리는 방안을 검토할 필요가 있다고 지적했습니다.

主持人：新一代士兵们的生活费是多少？由于支出远超工资，他们（不得不）向父母求助。请看金泰旭记者的报道。

记　者：现在在军队里，比过去自由多了。像普通年轻人一样，士兵们不用担心买衣服的花销和手机费，但他们还有很多（其他的）事需要花钱。

士　兵：我们会在小卖部买吃的，买书看，在外边住时，也要花钱。

记　者：士兵们的月平均生活费为13.2万韩元，其中花费最多的是外出和在外住宿费用，达6.8万韩元，（还包括）零食2.6万韩元，香皂和内衣等日用品每月支出8500韩元。空军平均每月支出14.7万韩元，开销最大，其次是海军陆战队、陆军、海军。花钱最少的海军比空军每人每月少花近3万韩元。问题是现在士兵们的工资根本不够生活费。以上等兵为标准，士兵们的月工资是8万韩元，也就是说，他们平均每个月还需要父母补贴5万~6万韩元。

士　兵：只用军队配发的东西就不用花钱，但很多东西需要在小卖部买，因此，很多人钱不够花。

记　者：那种情况怎么办？

士　兵：手头紧的时候，只能让家里打钱。

记　者：因此，有评论认为，国防研究院需要讨论全面提高士兵现有工资的方案。

3 你听说今天的那条新闻了吗

B4-07

(1) 2월, 3월, 4월, 11월

(2) ①○, ②○, ③×, ④○

(3) ②

(4) ①기억하기조차

   ②판단하고 소비해야

　요즘 젊은 사람들은 고유 명절이 아닌 특별한 이벤트를 벌이는 날을 정해 즐기고 있습니다. 2월 14일은 밸런타인 데이라고 하여 여자가 사랑하는 남자에게 초콜릿을 선물하는 날이고, 3월 14일은 화이트 데이라고 하여 남자가 사랑하는 여자에게 사탕을 선물하는 날입니다. 이 두 날 아무런 선물을 받지 못한 사람은 블랙 데이라고 하여 4월 14일에 자장면을 먹습니다. 또한 11월 11일은 그 날짜의 모습이 빼빼로 과자를 닮았다고 하여 빼빼로 데이라고 합니다. 각종 기념일을 정해 장사에 이용하는 이런 '데이 마케팅'은 이제는 좀 지나치다는 지적도 있습니다. 3월 3일을 삼겹살 데이, 삼각 김밥 데이라고 하는 등 이제는 그 날을 기억하기조차 어려운 많은 기념일을 만들고 있습니다. 이런 기념일은 마케팅 전략의 하나로 자리잡고 있지만 많은 소비자들에게 본인도 모르는 사이에 지갑을 열게 하고 있습니다. 전문가들은 기업체들이 소비자 관심을 끌려고 만든 각종 데이 마케팅에 휩쓸리지 말고 본인에게 무엇이 필요한지를 판단하고 소비해야 한다고 지적합니다. 이처럼 소비를 부추기는 데이 마케팅 속에 한 시민단체는 11월 26일을 '아무것도 사지 않는 날'로 만들었습니다. 소비가 미덕이라는 현대 사회에서 '아무것도 사지 않는 날'은 깊이 생각해 볼 만합니다.

　　最近，年轻人不喜欢过传统节日，而是喜欢过有特别活动的节日。2月14日情人节，是女生给自己喜欢的男生送巧克力的日子；3月14日白色情人节，是男生给心爱的女生送糖果的日子；在这两天没有收到任何礼物的人要在被称为"黑色情人节"的4月14日吃炸酱面；另外，因为"11月11日"看起来很像（4根）巧克力棒饼干，所以叫"巧克力棒节"。有人觉得，这种制造各种节日引导消费的"节日营销"有些过分。节日已经多到根本记不过来，像连3月3日都被称为"五花肉日""三角紫菜包饭日"等。这些节日虽然只是一种营销策略，但却让很多消费者在不自觉中打开了钱包。专家指出，消费者不应该被企业为吸引消费者而制造的各种"节日营销"所裹挟，应该根据自己的需求消费。在这场刺激消费的"节日营销"中，一个市民团体却把11月26日定为了"什么都不买节"。虽然现在鼓励消费，但"什么都不买节"也值得我们深思。

B4-08

(1) ②

(2) ①

(3) ②

(4) 서울 -11도, 대전 -16도, 대구 -16도, 광주 -13도

(5) ①착용하시는

   ②맑겠지만 / 꽃샘 추위가 찾아오겠습니다

　오늘 외출하실 때는 마스크를 착용하시는 게 좋겠습니다. 현재 서울을 비롯한

중부 지방에 황사 주의보가 내려져 있고, 남부 지방도 약하게 황사 현상이 나타나고 있습니다. 황사 주의보가 내려지면 어린이나 노약자, 호흡기 질환자는 물론 일반인도 과격한 실외 운동은 삼가셔야 합니다. 오늘밤과 내일 새벽 사이에는 전국적으로 황사 주의보가 확대될 가능성이 높고, 황사 현상은 내일까지 이어지겠습니다. 현재 기온을 알아보겠습니다. 봄날씨치고는 따뜻한 편인데 오늘의 서울 기온은 11도를 가리키고 있습니다. 어제 같은 시각보다 4도 정도 기온이 내려갔습니다. 그 밖에 대전과 청주·대구 16도, 강릉 17도, 전주·광주 13도로 어제 같은 시각보다 많게는 10도 정도 낮은 상태입니다. 오늘 오전에는 흐린 날씨였지만 차차 맑은 날씨를 회복하고 있습니다. 내일도 전국이 대체로 맑겠지만 아침 기온은 크게 떨어지면서 꽃샘 추위가 찾아오겠습니다. 지금까지 날씨였습니다.

　　今天外出时，最好佩戴口罩。目前，包括首尔在内的中部地区已经发布了沙尘暴预警，南部地区也会出现轻微的沙尘暴。收到沙尘暴预警后，儿童、老弱者、呼吸系统疾病患者乃至普通人都应避免进行过量的户外运动。今夜到明天凌晨，沙尘暴预警很可能会扩大到全国范围。沙尘暴将持续到明天。来看气温。首尔今天的温度是 11（摄氏）度，比昨天低了 4 度，尽管如此，在春季，也算是暖和的。此外，大田、清州、大邱 16 度，江陵 17 度，全州、光州 13 度，与昨天相比，降温达 10 度之多。今天上午阴，接下来会逐渐转晴。明天全国大部天气晴好，早晨气温将大幅下降，提醒大家注意应对倒春寒。以上是天气预报。

4 现在的人真忙啊

B4-10

1. ①②④

아침엔 우유 한 잔 점심엔 패스트푸드 쫓기는 사람처럼

시계바늘 보면서 거리를 가득 메운 자동차 경적 소리

어깨를 늘어뜨린 학생들 This is the city life!

모두가 똑같은 얼굴을 하고 손을 내밀어 악수하지만

가슴속에는 모두 다른 마음 각자 걸어가고 있는 거야

아무런 말없이 어디로 가는가 함께 있지만 외로운 사람들

어젯밤 술이 덜 깬 흐릿한 두 눈으로 자판기 커피 한 잔

구겨진 셔츠 샐러리맨 기계 부속품처럼 큰 빌딩 속에 앉아

점점 빨리 가는 세월들 This is the city life!

한 손엔 휴대전화 허리엔 삐삐 차고 집이란 잠자는 곳

직장이란 전쟁터 회색빛의 빌딩들

회색빛의 하늘과 회색 얼굴의 사람들 This is the city life!

早晨一杯牛奶，中午吃快餐，像个被追赶的人

看着表赶时间，满大街的汽车喇叭声

垂下肩膀的学生们，这就是都市生活

所有人都是同样的表情，虽然握手

但心中所想却各不相同，各走各的路

一句话也不说，要去哪里都在一起，却很孤独

昨晚的酒还没醒，睡眼惺忪，到咖啡机前买一杯
咖啡

穿着皱皱的衬衫，打工人就像机器零件一样坐在写
字楼里

岁月飞驰而去，这就是都市生活

一只手里拿着手机，腰里别着传呼机，家只是睡觉
的地方

职场就是战场，灰色的写字楼

灰色的天空，灰色的脸，这就是都市生活

B4-12

1. ②

2. 머리도 식히고 스트레스도 해소되어 좋
을 것이다.

3. ①○ ②○ ③× ④×

철수 엄마 : 요즘 초등학교 3학년밖에 안
된 둘째 아이가 컴퓨터 게임
에 빠져 걱정이에요. 학원에
간다고 나가서 PC방에 가기
도 하고 학교 앞 문방구에서
두세 시간 앉아 있기도 하고
말이에요. 12시가 넘어 잘
자고 있겠지 생각하며 방문을
열었을 때 몰래 컴퓨터 앞에
앉아 게임을 하다 들킨 적도
여러 번이고요. 어떻게 하면
좋죠? 선생님.

선 생 님 : 여러 부모님들이 컴퓨터 게임
이 머리도 식히고 스트레스도

해소되어 좋을 것이라고 생각
하지만 학생들이 한번 컴퓨터
게임에 빠지면 중독에서 벗어
나기가 힘들어져요.

철수 엄마 : 어떻게 하면 좋을까요?

선 생 님 : 게임 중독을 예방하기 위해서
는 컴퓨터 사용을 제한하는 것
이 좋아요. 강압적으로 못하
게 하는 것보다는 수영이나 축
구 같은 흥미 있는 운동이나
다른 활동으로 유도해 보세요.

철수 엄마 : 그런 방법이 있었군요. 그런데
컴퓨터 앞에 앉아서 밖에 안
나가려고 하면 어떻게 하죠?

선 생 님 : 꼭 게임을 한다고 하면 친구
들과 함께 하도록 하세요.
혼자 게임을 하는 것보다 여
럿이 함께하는 활동에 재미를
붙이면 나중에 혼자서는 하지
않으려고 할 거예요.

철수 엄마 : 그렇군요. 밤 늦게까지 하는 버
릇은 어떻게 고치면 좋을까요?

선 생 님 : 컴퓨터 사용 환경을 바꿔 보
세요. 컴퓨터 의자를 딱딱한
것으로 바꿔 오래 앉아 있기
힘들게 하거나 컴퓨터의 위치
를 높게 만들어 서서 하게 한
다면 불편해서 오래 하려고
하지 않을 거예요.

철수 엄마 : 감사합니다. 오늘부터 당장
시작해 볼게요.

哲洙妈妈：我家老二现在上小学三年级，他最近迷
上了打游戏，这让我很担心。他说去兴

趣班上课，（实际上）有时去了网吧，有时去了学校门口的文具店，而且一待就是两三个小时。晚上12点多时，我想着他应该已经睡了，但却发现他偷偷坐在电脑前玩游戏，这种情况有很多次了，我该怎么办？

老　师：很多父母都认为打游戏可以让头脑冷静下来，还能消除压力，但学生一旦沉迷于游戏，就会上瘾。

哲洙妈妈：那得怎么办呢？

老　师：为了预防游戏上瘾，最好限制孩子使用电脑。与其强制不让，不如引导他们去参加游泳或踢足球等有趣的运动。

哲洙妈妈：原来还有这样的方法啊！如果孩子就坐在电脑前不想出去怎么办？

老　师：如果孩子一定要打游戏，就让他和小朋友们一起玩儿。独乐乐不如众乐乐，他习惯和小朋友们一起玩儿后，就不会一个人玩儿了。

哲洙妈妈：这样啊！怎么改掉孩子熬夜的习惯呢？

老　师：可以尝试改变周围的环境。比如把电脑椅换成硬的，让孩子很难长时间坐着，或者把电脑的位置调高，让孩子不得不站着。孩子觉得不方便，就不会长时间坐在电脑前了。

哲洙妈妈：谢谢。今天马上开始。

5 你吃早饭吗?

B4-13

1. ③　2. ③　3. 왕, 왕자, 거지　4. ④

미경：진호야, 무슨 일 있어? 기운이 많이 없어 보이네.

진호：그래 보여? 사실 배가 너무 고파서

그래. 아침을 안 먹고 왔더니 수업 시간에도 계속 배에서 꼬르륵 소리가 나더라고. 정말 창피했어.

미경：아침을 잘 챙겨 먹어야지. '아침 식사는 왕과 같이, 점심 식사는 왕자와 같이, 저녁 식사는 거지같이 하라'는 말 못 들어봤어?

진호：그렇긴 하지만 아침에 5분 더 자는 것이 좋아서 밥보다는 잠을 선택하게 되더라고.

미경：하긴. 우리나라 20대 인구 2명 중 1명은 아침 식사를 하지 않는다고 하더라. 요즘 젊은 세대와 직장인들은 '왕'의 특권을 제대로 누리지 못 하는 것이지.

진호：아침 식사를 안 한다고 해서 큰일이 나는 것은 아니니까 괜찮아.

미경：당장은 큰일이 없어 보이지만 아침 식사를 거르는 것은 잘못된 습관이야. 우리 몸에 아주 나쁜 영향을 끼치거든.

진호：그래? 어떤 악영향이 있는데?

미경：먼저, 아침을 거르면 뇌기능이 저하된대. 우리 뇌는 균형적인 아침 식사를 통해 영양을 충분히 공급받을 때 제 기능을 발휘하기 때문이지. 그리고 쉽게 피로를 느낄 수 있고, 위염 등 각종 질병의 원인이 되기도 하지. 그리고……

진호：또 있어?

미경：불규칙적인 식사로 인해 장 운동이 원활하지 못해 변비가 될 수도 있어. 피부 건강에도 안 좋고.

진호 : 계속 들으니까 무서워지는데…….

미경 : 그렇지? 쉽게 생각할 문제는 아니라고.

진호 : 그러게. 좀 귀찮더라도 아침 식사는 꼭 해야겠는걸.

美京：镇浩，你怎么了？看起来无精打采的。

镇浩：啊？其实是因为太饿了。我没吃早饭，上课时肚子一直在咕咕叫，好尴尬。

美京：早餐要好好吃。你没听说过"早餐要吃得像国王，午餐要吃得像王子，晚餐要吃得像乞丐"吗？

镇浩：虽说如此，但我还是希望早上能多睡（哪怕）5分钟，所以比起吃饭，我宁愿选择睡觉。

美京：也是。听说咱们国家二十多岁的年轻人中，有二分之一的人不吃早餐。也就是说，现在的年轻人和上班族无法享受到"王"的特权了。

镇浩：不吃早餐也没问题，没事的。

美京：虽然现在看起来没什么事，但是不吃早餐是坏习惯，对身体有很不好的影响。

镇浩：是吗？有什么不好的影响？

美京：首先，听说不吃早饭会使大脑反应迟钝。因为大脑只有通过均衡的早餐得到充足的养分时，才能发挥作用。其次，会很容易累，还会引发胃炎等各种疾病，还有……

镇浩：还有啊？

美京：饮食不规律会导致消化不良，从而有可能引发便秘，对皮肤也不好。

镇浩：听得我都害怕了……

美京：对吧？这可不是小问题。

镇浩：是啊，看来就算麻烦，也一定要吃早餐呢！

B4-15

1. ①　2. ④　3. ③

수진 : 민호 씨, 스트레스의 힘을 아세요?

민호 : 스트레스의 힘요? 스트레스는 만병의 근원이잖아요.

수진 : 네, 스트레스는 요즘 현대인들의 정신적 질병인 우울증이나 건망증, 불면증의 원인이 되기도 해요. 그래서 만병의 근원이라고도 하죠. 그렇지만 스트레스가 꼭 나쁜 것만은 아니에요.

민호 : 그게 무슨 말이에요? 그러면 좋은 스트레스도 있다는 뜻이에요?

수진 : 네, 좋은 스트레스도 있답니다. 예를 들어, 결혼이나 출산으로 인해 스트레스를 받기도 하지만 정신적으로 좋은 영향을 받기도 하잖아요.

민호 : 그러네요. 저도 요즘 새로 시작한 학교 생활이 조금은 부담스럽고 스트레스도 쌓이지만 즐겁기도 해요. 이것이 좋은 스트레스인가요?

수진 : 맞아요. 그런데 스트레스의 정도에도 차이가 있대요. 미국에서 조사한 결과에 따르면 나쁜 영향을 주는 스트레스 중 가장 큰 것은 배우자의 죽음이라고 하네요.

민호 : 그럼 한국의 경우는 어떤 것이 가장 큰 스트레스가 될까요?

수진 : 한국은 자녀에 대한 관심과 사랑이 크니까 아마 자녀의 죽음이 아닐까요?

秀珍：民浩，你知道压力的力量吗？

民浩：压力的力量？压力不是万病之源吗？

秀珍：是的，压力会使人罹患精神疾病，像抑郁症、健忘、失眠，所以是万病之源，但压力并不一定都是坏事。

民浩：什么意思？难道也有良性压力吗？

秀珍：是的，有良性压力。比如，结婚或生育会让人感到有压力，但精神上却会感到愉悦。

民浩：对，新学期开始后，我也感到有负担，有压力，但也很开心，这就是好的压力吗？

秀珍：是的，但是压力也有差异。美国的一项调查表明，会产生负面影响的压力中，最大的就是配偶的死亡。

民浩：那在韩国，最大的压力是什么？

秀珍：在韩国，父母非常关爱子女，（所以最大的压力）可能是子女的去世吧。

6 成功的秘诀是什么？

B4-16

1. ⑤

2. ②⑤

3. 수진 - 테레사 수녀, 민수 - 빌게이츠

수첩 내용 : 성공하려면 지금은 참자.

수진 : '성공하려면 지금은 참자.' 어머, 민수 씨, 이게 무슨 말이에요?

민수 : 성공하기 전까지는 여러 가지 하고 싶은 일이 있어도 참자는 제 결심을 적은 거예요.

수진 : 민수 씨는 왜 성공하고 싶으세요?

민수 : 그야 성공하면 돈도 많이 벌 수 있고, 명예도 얻을 수 있고, 다른 사람들의 존경도 받을 수 있잖아요.

수진 : 글쎄요? 성공에 대한 생각은 사람마다 다른 것 같아요. 큰 돈을 버는 것도 성공이라고 생각할 수 있지만 가난해도 존경받는 것을 성공이라고 생각할 수도 있잖아요. 저희 어머니는 저희 형제를 잘 키우신 것을 성공이라고 생각하신대요.

민수 : 듣고 보니 일리가 있네요.

수진 : 저는 돈이나 명예, 권력은 없지만 테레사 수녀처럼 존경받는 것이 성공이라고 생각해요.

민수 : 음…… . 저는 빌게이츠처럼 돈과 능력을 갖춘 것을 성공이라고 생각해요.

수진 : 하하, 민수 씨 성공하려면 더 많이 노력해야겠네요.

笔记：要成功，就要忍。

秀珍："要成功，就要忍"，民秀，这是什么意思？

民洙：我决心在自己成功之前，即使有很多想做的事，（只要与成功无关，）也要忍住。

秀珍：你为什么想要成功呢？

民洙：只要成功了，就能赚大钱，有好名声，还能得到别人的尊重。

秀珍：嗯，似乎每个人对成功的看法都不太一样。赚大钱是成功，但没钱却受人尊敬也是成功。我妈妈觉得能把我们兄弟姐妹顺利抚养长大就是一种成功。

民洙：听起来很有道理。

秀珍：我认为成功就是像特蕾莎修女一样，即使没有钱、名誉和权力，但却受人尊敬。

民洙：嗯……我认为像比尔·盖茨一样，有钱、有能力就是成功。

秀珍：哈哈，你要成功，还得多多努力啊。

B4-18

1. 초등학교 6 학년 2. ③ 3. ④

4. ② 5. ① 6. ④

사회자 : 오늘은 보아 씨를 모셔서 그녀의 삶과 성공에 대한 이야기를 나눠 보려고 합니다. 뜨거운 박수로 맞

아주세요. 안녕하세요? 보아 씨. 오늘은 시청자들에게 보아 씨가 어떻게 가수가 되고 성공하게 되었는지 솔직한 삶의 이야기를 들려 주셨으면 합니다. 먼저 어떻게 가수가 되었는지 이야기해 주세요.

보　아 : 네. 저는 초등학교 6학년 때 캐스팅 되었어요. 그때 가수가 정말 되고 싶어서 집에서 2시간 반이나 걸리는 연습실을 오가며 열심히 준비했습니다.

사회자 : 그렇군요. 초등학교 6학년 때 캐스팅 되었다면 무척 어린 나이인데 준비하면서 힘든 점은 없었나요?

보　아 : 처음엔 가수가 된다는 것만으로도 좋아서 힘든 줄 모르고 연습했어요. 그런데 저보다 늦게 들어온 가수 준비생이 먼저 가수로 데뷔했을 때는 정말 일을 그만두고 싶었어요. 그래서 연습도 게을리하고 레슨도 빠지면서 좀 많이 방황하기도 했지요.

사회자 : 그랬군요. 그럼 보아 씨는 어떻게 방황에서 벗어나셨나요?

보　아 : 회사로부터 저에 대한 계획을 듣고 다시 한번 제 꿈을 향해 최선을 다해 노력하기로 마음먹었어요.

사회자 : 그래서 가수 데뷔는 언제 하게 되었나요?

보　아 : 제가 14살 때인 2001년에 일본에서 데뷔했어요. 하지만 별로 인기를 얻지 못했어요. 그때 활동이 많지 않아서 한가하게 지냈는데 TV를 봐도 이해되지 않고 사랑하는 부모님과 친구들도 없으니까 외롭고 힘들었어요. 내가 여기서 뭐하나 회의가 들기도 했지만 언어를 열심히 공부하기로 했어요.

사회자 : 그래서 보아 씨가 일본어를 그렇게 잘하게 된 거군요. 그럼 보아 씨는 자신이 가수로서 성공했다고 생각하시나요?

보　아 : 글쎄요. 저는 사실 4번째 싱글 'LISTEN TO MY HEART'가 처음으로 일본 가요 순위 3위에 올랐을 때 제 성공이 도저히 믿어지지 않았어요.

사회자 : 제가 알기로 보아 씨는 꾸준히 인기가 있었던 걸로 아는데요. 아닌가요?

보　아 : 글쎄요. 가수로 데뷔하고 인기를 얻기까지 참 많은 일이 있었어요. 그때 외롭고 힘들었던 저의 10대가 지금의 저를 만든 것 같아요. 그때의 다양한 경험이 이제는 노래를 부를 때 도움이 많이 되거든요.

사회자 : 그렇군요. 이제 마무리를 해야 할 것 같습니다. 올해 20살이 되었는데 가수로서 앞으로의 계획에 대해 이야기해 주세요.

보　아 : 네, 올해 제가 20살이 되었습니다. 지금까지 사랑해 주신 것처럼 계속적인 관심과 사랑을 부탁드립니다. 그리고 올해도 새로운 앨범 활동으로 바쁘게 지낼 것 같아요.

사회자 : 오늘은 보아 씨를 모시고 가수가 되기까지의 이야기를 들어 봤습니다. 오늘 솔직하게 자신의 이야기를 해 주신 보아 씨에게 진심으로 감사드립니다.

主持人：今天我们将和宝儿一起分享她的成功经历。让我们用热烈的掌声欢迎宝儿。你好。今天希望你能向观众讲述自己成为歌手并取得成功的真实人生。先说说你是如何成为歌手的吧。

宝　儿：好的。我在小学六年级时成为演员，那时非常想成为一名歌手，即使练习室离家两个半小时，我也不辞辛劳，认真练习。

主持人：这样啊！小学六年级时，你还非常小，没有遇到过什么困难吗？

宝　儿：刚开始时，一想到可以成为歌手就很开心，所以练习时也不觉得累。但当看到比我晚来的练习生却先于我出道时，真的很想放弃。也因此经常疏于练习，不上课，彷徨了很久。

主持人：原来如此！那你是如何摆脱彷徨的呢？

宝　儿：听了公司对我的规划后，我决定为了梦想，再次出发并拼尽全力。

主持人：你是什么时候成为歌手的？

宝　儿：2001 年，我 14 岁时，在日本出道，但并不是很受欢迎，工作也不多，过得很闲。电视也看不懂，父母和朋友也不在身边，感到非常孤独、辛苦。虽然也怀疑过自己在那里到底要做什么，但还是决定（先）努力学习语言。

主持人：难怪你的日语说得那么好！作为歌手，你认为自己成功了吗？

宝　儿：这个嘛，其实，一直到我的第四首单曲《LISTEN TO MY HEART》首次登上日本歌曲排行榜的第三位时，我都无法相信自己的成功。

主持人：据我所知，你一直很受欢迎的，不是吗？

宝　儿：这个嘛，从作为歌手出道到受欢迎，中间发生了很多事情。那时我才十几岁，当时的孤独和辛苦造就了现在的我，那时的多种经历对我的歌唱事业有很大帮助。

主持人：这样啊！节目快结束了，你今年二十岁了，作为一名歌手，未来有什么计划？

宝　儿：我今年二十岁了，希望大家能像现在这样一直支持我，喜欢我。今年我计划出新专辑。

主持人：今天我们一起聆听了宝儿成为歌手的故事，感谢宝儿的分享。

各课单词

1 钱要省着花

101页 B4-19

관리（管理）【名】管理

102页 B4-20

가계부（家计簿）【名】家庭账本

남이섬（南怡-）【名】南怡岛（位于江原道春川市）

볼거리【名】值得看的东西

비용（费用）【名】费用

여의도（汝矣岛）【名】汝矣岛（位于首尔汉江中）

103页 B4-21

오슬로（Oslo）【名】奥斯陆

제네바（Geneva）【名】日内瓦

코펜하겐（Copenhagen）【名】哥本哈根

104页 B4-22

식비（食费）【名】饭钱

의료비（医疗费）【名】医疗费

의복비（衣服费）【名】服装费用

저축（贮蓄）【名】存钱，储蓄

집세（-贳）【名】房租

합계（合计）【名】共计，合计

105页 B4-23

여가（余暇）【名】空闲

절약하다（节约-）【他】节约

주거（住居）【名】居住

106页 B4-24

계산하다（计算-）【他】计算，结账

무조건（无条件）【名】无条件

사라지다【自】消失

이성（异性）【名】异性

지불하다（支拂-）【他】支付

107页 B4-25

갖추다【他】具备

부유하다（富有-）【形】富裕

108页 B4-26

지혜롭다（智慧-）【形】聪明，明智

환율（换率）【名】汇率

109页 B4-27

꾸준히【副】坚持不懈

대박（大-）【名】中头彩，赢了

복권（福券）【名】彩票

역전（逆转）【名】逆转

일확천금（一攫千金）【名】一掷千金

자린고비【名】吝啬鬼

티끌【名】尘埃

110页 B4-28

경영학（经营学）【名】经营学

안목（眼目）【名】眼力，眼光

용돈（用-）【名】零用钱

뛰다【他】炫耀

2 你退伍了?

112页 B4-29

어른스럽다【形】成熟

위문（慰问）【名】慰问，安慰

113页 B4-30

잠들다【自】入睡

114页 B4-31

거꾸로【副】倒，反而

고무신【名】胶鞋

군복（军服）【名】军装

군화（军靴）【名】军鞋

단조롭다（单调-）【形】单调

복귀하다（复归-）【自】返回，回归

복학하다（复学-）【自】复学

씻다【他】洗

입대（入队）【名】入伍

입영 통지서（入营通知书）【名】入伍通知书

패스트푸드（fast food）【名】快餐

116页 B4-32

반찬투정（饭馔-）【名】挑食

불안하다（不安-）【形】不安

사나이【名】男子汉

손에 잡히다 做事得心应手

알뜰하다【形】无微不至，体贴入微

영장（令状）【名】命令书

자부심（自负心）【名】自豪感

참을성（-性）【名】耐心，忍耐力

허풍（虚风）【名】吹牛

117页 B4-33

복무（服务）【名】服役

118页 B4-34

공군（空军）【名】空军

근무지（勤务地）【名】工作地点

육군（陆军）【名】陆军

해군（海军）【名】海军

119页 B4-35

가산점（加算点）【名】加分

120页 B4-36

간호병（看护兵）【名】医务兵，卫生员

면제（免除）【名】免除

병역（兵役）【名】兵役

봉사하다（奉仕-）【他】服务，贡献

안전하다（安全-）【形】安全

의무（义务）【名】义务

이민（移民）【名】移民

전염병（传染病）【名】传染病

참전하다（参战）【他】参战

121页 B4-37

공평하다（公平）【形】公平

관공서（官公署）【名】政府机关或其他事业单位

모병제（募兵制）【名】募兵制

소방서（消防署）【名】消防站

쌍둥이【名】双胞胎

이스라엘（Israel）【名】以色列

제대（除队）【名】退伍

주관하다（主管-）【他】主管

징병제（征兵制）【名】征兵制

평등하다（平等-）【形】平等

합리적（合理的）【名】合理

훈련（训练）【名】训练

122页 B4-38

국기（国旗）【名】国旗

국산품（国产品）【名】国产产品

애국심（爱国心）【名】爱国心

애용하다（爱用-）【他】爱用，喜欢用

123页 B4-39

해병대（海兵队）【名】海军陆战队

124页 B4-40

군것질【名】吃零食

병사（兵士）【名】士兵

외박（外泊）【名】在外住宿

일용품（日用品）【名】日用品

지출（支出）【名】支出

충당하다（充当-）【他】充当，补充

3 你听说今天的那条新闻了吗？

126页 B4-41

건너편（-便）【名】对面

데이（day）【名】节日

따돌림【名】排斥，孤立

소홀하다（疏忽-）【形】疏忽

집단（集团）【名】集团，团体

학부모（学父母）【名】学生家长

127页 B4-42

밸런타인 데이（Valentine Day）【名】情人节

블랙 데이（Black Day）【名】黑色情人节

지적하다（指摘-）【他】指出，指点

화이트 데이（White Day）【名】白色情人节

128页 B4-43

꽃샘 추위【名】倒春寒

전략（战略）【名】战略

태풍（台风）【名】台风

황사（黄沙）【名】沙尘暴

129页 B4-44

당황하다（唐慌-）【自】慌张

두렵다【形】可怕，害怕

뛰어내리다【他】跳下

승강장（乘降场）【名】站台，月台

장난을 치다 开玩笑，闹着玩

천만다행（千万多幸）【名】万幸

131页 B4-45

감동적（感动的）【名】感人

낙관적（乐观的）【名】乐观，开朗

비관적（悲观的）【名】悲观

유익하다（有益-）【形】有益

앵커（anchor）【名】主播

이야깃거리【名】谈资

풍경（风景）【名】风景

도난（盗难）【名】偷盗

범인（犯人）【名】犯人

신고（申告）【名】报警，报告

터지다【自】破，破裂

가사 활동（家事活动）【名】家务

감소（减少）【名】减少

사내【名】男子汉

살림하다【自】生活，过日子

전념하다（专念-）【他】专注

전문직（专门职）【名】专职

추세（趋势）【名】趋势

취재하다（取材-）【他】采访

통계청（统计厅）【名】统计厅

4 现在的人真忙啊

고독하다（孤独-）【形】孤独

여유롭다（余裕-）【形】悠闲，宽裕

잦다【形】频繁

짜증 나다 心烦

한가하다（闲暇-）【形】清闲

희색빛（灰色-）【名】灰色

구겨지다【自】起褶皱，皱

내밀다【自/他】推，推出

늘어뜨리다【他】垂悬，垂挂

메우다【他】填充，填平

삐삐（BP）【名】传呼机

샐러리맨（salaried man）【名】上班族

자판기（自贩机）【名】自动售货机

간편하다（简便-）【形】简便

공기（空气）를 쐬다 呼吸，呼吸空气

귀농하다（归农-）【他】归隐乡下

농약（农药）【名】农药

헬스（health）【名】运动，健身

고층 빌딩（高层building）【名】高楼大厦

나물【名】野菜

눈싸움【名】打雪仗

메뚜기【名】蚂蚱，蝗虫

시냇물【名】溪水

인성（人性）【名】人性，人格

잠자리【名】蜻蜓

캐다【他】挖掘，挖

강산（江山）【名】江山

눈코 뜰 새가 없다 比喻"忙得不可开交"

5 你吃早饭吗?

145页 B4-54

질병（疾病）【名】疾病

챙기다【他】准备，收拾

146页 B4-55

시루【名】蒸笼，蒸屉

육류（肉类）【名】肉类

콩나물【名】豆芽

파뿌리【名】葱根，比喻"白发"

호박【名】南瓜

147页 B4-56

각종（各种）【名】各种

거르다【他】间隔，过滤

기능（机能）【名】机能

피로（疲劳）【名】疲劳

148页 B4-57

달콤하다【形】甜，甘甜

입맛이 당기다 有胃口

149页 B4-58

골고루【副】平均地

씹다【他】嚼，咀嚼

일상생활（日常生活）【名】日常生活

쬐다【他】晒，烤

편식（偏食）【名】偏食

햇볕【名】阳光，日光

151页 B4-59

건망증（健忘症）【名】健忘

고혈압（高血压）【名】高血压

대인공포증（对人恐怖症）【名】社恐

심장마비（心脏麻痹）【名】心脏麻痹

153页 B4-60

반복（反复）【名】反复

태우다【他】煳了，烧煳

154页 B4-61

개선시키다（改善-）【他】改善，使……改善

두통（头痛）【名】头痛

만성피로（慢性疲劳）【名】慢性疲劳

어지럼증（-症）【名】眩晕症

155页 B4-62

고소공포증（高所恐怖症）【名】恐高症

근원（根源）【名】根源

만병（万病）【名】各种病

우울증（忧郁症）【名】抑郁症

156页 B4-63

근육（筋肉）【名】肌肉

노화（老化）【名】老化

도전하다（挑战-）【他】挑战

방지（防止）【名】防止

브레인（brain）【名】头脑

이완（弛缓）【名】松弛，舒缓

이틀【名】两天

최소（最少）【名】最少

호흡（呼吸）【名】呼吸

6 成功的秘诀是什么？

157页 B4-64

비결（秘诀）【名】秘诀

158页 B4-65

개수대（-台）【名】厨房洗碗池

염소【名】山羊

젖다【自】淋湿，打湿

현관문（玄关门）【名】大门

159页 B4-66

금전（金钱）【名】金钱

넘치다【自】溢出

의리（义理）【名】义气

160页 B4-67

권력（权力）【名】权力

명예（名誉）【名】名誉

발언（发言）【名】发言

솔깃하다【形】感兴趣

지위（地位）【名】地位

짝사랑【名】单相思

161页 B4-68

빌게이츠（Bill Gates）【名】比尔·盖茨

수녀（修女）【名】修女

162页 B4-69

자기만족（自己满足）【名】自我满足，知足

165页 B4-70

신장（身长）【名】身高

166页 B4-71

데뷔하다（début-）【自/他】出道，进入演艺圈

레슨（lesson）【名】课程

마무리하다【他】结束，完成

방황하다（彷徨-）【自/他】彷徨

앨범（album）【名】专辑

168页 B4-72

이익（利益）【名】利益

169页 B4-73

좌절（挫折）【名】挫折

课文译文

1 钱要省着花

102 页

娜塔莎：拉里莎，周末我们去南怡岛吧？那里是景点，听说有很多好看的和好吃的。

拉里莎：实在抱歉，这个月不行。我上个月花钱花得太多了，（这个月）得省着点儿花了。南怡岛太贵了，我们换个地方吧。近处不是就有很多好玩儿的地方吗？我们去汝矣岛公园骑车怎么样？

娜塔莎：虽然很可惜，但也没办法。好，就去汝矣岛吧。你干什么花了那么多钱啊？

拉里莎：我也不知道，还没怎么花，钱就没了。

娜塔莎：怎么可能？是你自己不记得了吧？你记一下账吧。

拉里莎：记账？

娜塔莎：嗯，我来韩国后一直记账。虽然有些烦琐，但可以更好地管理自己的钱。

拉里莎：是吗？

2 你退伍了？

116 页

振秀：啊，你怎么把头发剪成这样？

民浩：我收到入伍通知书了，下周就要去当兵了。

振秀：原来是这样！很担心吧？

民浩：是啊，晚上睡不着，也不知道剩下的时间究竟该干什么，完全不知所措。

振秀：不用太担心。我入伍前也像你这么焦虑，但现在想来，当兵其实是一段很好的经历。

民浩：真的吗？

振秀：是的，你会对父母心生感激，也会制订自己的人生计划。人往往会对（一直在）身边的人熟视无睹，（进而）不懂得感恩，但在部队的时候，因为远离父母，你会开始明白他们是多么值得感谢的人。

民浩：所以说只有当过兵，才算是真正长大！

振秀：是啊，当兵还可以增强你的忍耐力，让你成为一个真正的男子汉。你要把当兵看作是一段宝贵的经历。你肯定会是个出色的士兵。注意身体，休假时一定跟我联系呀。

民浩：好的，学长，谢谢您的鼓励。

3 你听说今天的那条新闻了吗？

129 页

罗拉和幸子在讨论今天早上的新闻。

幸子：罗拉，你看到今天早晨的新闻或报纸了吗？

罗拉：没有呢，有什么特别的事吗？

幸子：据说昨天下午有个小孩儿在地铁站玩儿，结果掉到轨道上面了。

罗拉：天啊！后来怎么样了？

幸子：周围的人都慌了，不知道该怎么办，又担心地铁随时会开进来，不敢往下跳。

罗拉：那不是要出事故了吗？天啊，居然有这种事！

幸子：还好没事。对面站台上有个年轻人跳了下去，把孩子救上来了。

罗拉：真是万幸啊！要不是那个年轻人，差点儿就出大事了！

幸子：是啊，虽说现在人人都为自己而活，但这个年轻人还是让人备感温暖呢。

4 现在的人真忙啊

142 页

丈夫：我们也去乡下住吧？

妻子：怎么突然说这个？

丈夫：听说现在搬到乡下的人越来越多了。

妻子：我也听说过，但在乡下住不会无聊吗？你能放弃城里的便捷生活吗？

丈夫：虽然购物和生活会略有不便，但为了孩子的健康和教育，搬到乡下未尝不是件好事。

妻子：城里的教育水平不是更高吗？

丈夫：城里的孩子忙着上英语班、电脑班、跆拳道班，要不然就沉迷于游戏，这些对孩子的人格培养不好。

妻子：是啊。我小时候，春天挖野菜，夏天在小溪里抓鱼，秋天抓蜻蜓和蚂蚱，冬天和村子里的孩子一起打雪仗，这才是生动的教育。

丈夫：我有个朋友也是为了孩子搬到乡下，据说很不错呢。

妻子：城里的孩子能享受便利的生活，但乡下的孩子却能在大自然的怀抱中尽情欢乐。

丈夫：我们也搬到乡下吧？

5 你吃早饭吗？

148 页

青青：小纪，你怎么看起来有气无力的？

小纪：昨天没睡好，早晨也没吃饭。

青青：是遇到什么事了吗？

小纪：这周末不是要考韩国语能力考试嘛，所以觉也睡不好，吃饭也没胃口。

青青：原来是考试的巨大压力啊！越是这样，越得保持心态平和，你吃些能让心情变好的东西吧。

小纪：让心情变好的东西？

青青：是啊。像巧克力、糖之类的甜食就可以在你郁闷时安抚你的心情，热茶能让你的头脑保持清醒。

小纪：今天下课后我就去吃。我平时不太喜欢吃甜食，但听了你的话之后，觉得有胃口了呢。

6 成功的秘诀是什么？

162 页

智英：人生最重要的是什么？

民沬：这个嘛，我没想过，回答起来比较困难，你觉得呢？

智英：我觉得健康比什么都重要，不是说失去了健康就等于失去了一切嘛。

民沬：话虽如此，但健康并不能解决一切问题。如果没有知识，没有钱，即使很健康也会过得不怎么样，那样是不会幸福的。

智英：那什么东西能让我们觉得幸福呢？

民沬：世界上真有那种东西吗？我觉得幸福也好，成功也好，都源自知足。

智英：你是说幸福和成功都取决于自己的内心？

民沬：对，取决于每个人对自己现状的态度。

智英：那还是有点儿难啊！我去问问其他人是怎么想的。

本册单词索引

공기（空气）를 쐬다 呼吸，呼吸空气 {P141}

공무원（公务员）【名】公务员 {P15}

공평하다（公平）【形】公平 {P121}

관공서（官公署）【名】政府机关或其他事业单位 {P121}

관리（管理）【名】管理 {P101}

교류하다（交流-）【他】交流 {P60}

교우（校友）【名】校友 {P16}

구겨지다【自】起褶皱，皱 {P139}

구조（构造）【名】结构，构造 {P54}

국경（国境）【名】国界 {P37}

국기（国旗）【名】国旗 {P122}

국민성（国民性）【名】民族性格，国民心理 {P59}

국산품（国产品）【名】国产产品 {P122}

군것질【名】吃零食 {P124}

군복（军服）【名】军装 {P114}

군화（军靴）【名】军鞋 {P114}

궁합（宫合）【名】八字 {P38}

권력（权力）【名】权力 {P160}

귀농하다（归农-）【他】归隐乡下 {P141}

귀사（贵社）【名】贵公司 {P15}

귀천（贵贱）【名】贵贱 {P51}

균형성（均衡性）【名】均衡 {P67}

근무지（勤务地）【名】工作地点 {P118}

근원（根源）【名】根源 {P155}

근육（筋肉）【名】肌肉 {P156}

금융（金融）【名】金融 {P41}

금전（金钱）【名】金钱 {P159}

긍정적（肯定的）【冠】肯定的 {P9}

기능（机能）【名】机能 {P147}

기독교（基督教）【名】基督教 {P60}

기본급（基本给）【名】基本工资 {P45}

기호（嗜好）【名】喜好 {P35}

꼼꼼하다【形】细致，周到 {P6}

꽃꽂이【名】插花 {P33}

꽃샘 추위【名】倒春寒 {P128}

꾸준히【副】坚持不懈 {P109}

끈기（-气）【名】耐性，韧劲 {P7}

끝내다【他】结束 {P74}

나물【名】野菜 {P142}

낙관적（乐观的）【名】乐观，开朗 {P131}

난방（暖房）【名】取暖 {P54}

남다【自】剩下 {P26}

남이섬（南怡-）【名】南怡岛（位于江原道春川市）{P102}

남자답다（男子-）【形】有男人味儿 {P25}

낭만적（浪漫的）【冠】浪漫的 {P7}

낯설다【形】陌生，不认识，不熟悉 {P65}

낯을 가리다 认生，怕生 {P6}

내밀다【自/他】推，推出 {P139}

넘치다【自】溢出 {P159}

네모형（-形）【名】方形 {P32}

노크（knock）【名】敲门 {P52}

노하우（knowhow）【名】秘诀 {P64}

노화（老化）【名】老化 {P156}

농경 사회（农耕社会）【名】农耕社会 {P59}

농약（农药）【名】农药 {P141}

눈싸움【名】打雪仗 {P142}

눈코 뜰 새가 없다 比喻"忙得不可开交" {P144}

느긋하다【形】从容，悠闲 {P7}

都做{P51}

목례（目礼）【名】注目礼{P52}

무덤【名】坟墓{P28}

무릎【名】膝盖{P52}

무인도（无人岛）【名】无人岛{P51}

무조건（无条件）【名】无条件{P106}

문항（问项）【名】项目，条目{P66}

문화권（文化圈）【名】文化圈{P60}

물리치다【他】战胜{P64}

미치다【自】疯狂，疯了{P28}

미혼（未婚）【名】未婚{P29}

바람을 피우다 有外遇，出轨{P51}

반복（反复）【名】反复{P153}

반복하다（反复-）【他】反复，重复{P38}

반응（反应）【名】反应{P66}

반찬투정（饭馔-）【名】挑食{P116}

발언（发言）【名】发言{P160}

발휘하다（发挥-）【他】发挥{P45}

방석【名】垫子{P51}

방지（防止）【名】防止{P156}

방황하다（彷徨-）【自/他】彷徨{P166}

배려하다（配虑-）【他】顾虑，考虑{P22}

배우자（配偶者）【名】配偶{P34}

밸런타인 데이（Valentine Day）【名】情人节{P127}

벌레【名】虫子，昆虫{P19}

범인（犯人）【名】犯人{P133}

베다【他】切断，割{P38}

베트남（Vietnam）【名】越南{P36}

베풀다【他】给予{P16}

변기（便器）【名】坐便器，马桶{P38}

변덕스럽다（变德-）【形】善变，反复无常{P10}

별따기【名】摘星星{P51}

병사（兵士）【名】士兵{P124}

병역（兵役）【名】兵役{P120}

보람【名】意义{P42}

보수（报酬）【名】报酬{P45}

보완하다（补完-）【他】补充{P66}

보험회사（保险会社）【名】保险公司{P32}

복권（福券）【名】彩票{P109}

복귀하다（复归-）【自】返回，回归{P114}

복무（服务）【名】服役{P117}

복지（福祉）【名】福利{P40}

복학하다（复学-）【自】复学{P114}

본론（本论）【名】本论，主要部分{P13}

볼거리【名】值得看的东西{P102}

봉사하다（奉仕-）【他】服务，贡献{P120}

부담하다（负担-）【他】负担{P74}

부유하다（富有-）【形】富裕{P107}

부정적（否定的）【冠】否定的{P9}

부착（附着）【名】附加{P52}

불교（佛教）【名】佛教{P60}

불규칙하다（不规则-）【形】不规则，不规律{P45}

불안하다（不安-）【形】不安{P116}

붕어빵【名】鲫鱼饼；长得很像的人{P12}

브레인（brain）【名】头脑{P156}

블랙 데이（Black Day）【名】黑色情人节{P127}

비결（秘诀）【名】秘诀{P157}

비관적（悲观的）【名】悲观{P131}

신조（信条）【名】信条，信念 {P16}

실수하다（失手-）【自】失误，犯错 {P57}

실적（实绩）【名】实际业绩 {P45}

싫증（-症）을 내다 厌烦，讨厌 {P7}

심장마비（心脏麻痹）【名】心脏麻痹 {P151}

싱글（single）【名】单个，单身 {P28}

쌍둥이【名】双胞胎 {P121}

씹다【他】嚼，咀嚼 {P149}

씻다【他】洗 {P114}

악수（握手）【名】握手 {P52}

안목（眼目）【名】眼力，眼光 {P110}

안전하다（安全-）【形】安全 {P120}

안정（安定）【名】安定，稳定 {P30}

안정성（安定性）【名】稳定性 {P40}

알뜰하다【形】无微不至，体贴入微 {P116}

애국심（爱国心）【名】爱国心 {P122}

애완용（爱玩用）【名】用于玩赏的 {P60}

애용하다（爱用-）【他】爱用，喜欢用 {P122}

앨범（album）【名】专辑 {P166}

앵커（anchor）【名】主播 {P132}

야간 근무（夜间勤务）【名】夜班 {P45}

야만적（野蛮的）【名】野蛮的 {P60}

양손（两-）【名】两手 {P52}

어른스럽다【形】成熟 {P112}

어지럼증（-症）【名】眩晕症 {P154}

어학연수（语学研修）【名】语言进修 {P74}

엔지니어（engineer）【名】工程师 {P12}

여가（余暇）【名】空闲 {P105}

여부（与否）【名】是否，与否 {P32}

여성스럽다（女子-）【形】有女人味儿 {P25}

여우【名】狐狸 {P12}

여유（裕余）【名】空闲，宽裕 {P30}

여유롭다（余裕-）【形】悠闲，宽裕 {P138}

여의도（汝矣岛）【名】汝矣岛（位于首尔汉江中）{P102}

역전（逆转）【名】逆转 {P109}

연봉（年俸）【名】年薪 {P32}

연예인（演艺人）【名】艺人 {P68}

연주（演奏）【名】演奏 {P32}

열정적（热情的）【冠】热情的，热忱的 {P10}

염소【名】山羊 {P158}

영양가（营养价）【名】营养价值 {P60}

영양식（营养食）【名】营养食品，营养餐 {P60}

영업（营业）【名】营业，经营 {P47}

영장（令状）【名】命令书 {P116}

영향（影响）【名】影响 {P5}

오슬로（Oslo）【名】奥斯陆 {P103}

완성（完成）【名】完成 {P28}

외롭다【形】孤单，寂寞 {P30}

외박（外泊）【名】在外住宿 {P124}

외아들【名】独生子 {P37}

외출（外出）【名】外出，出门 {P64}

요령（要领）【名】要领 {P52}

욕심（欲心）【名】欲望，贪婪 {P10}

용돈（用-）【名】零用钱 {P110}

우물【名】井 {P62}

우울증（忧郁症）【名】抑郁症 {P155}

우유부단하다（优柔不断-）【形】优柔寡断，犹豫不决 {P10}

잡지사（杂志社）【名】杂志社 {P50}

장기간（长期间）【名】长时间 {P45}

장난을 치다 开玩笑，闹着玩 {P129}

장신구（装身具）【名】装饰品 {P52}

잦다【形】频繁 {P138}

재료（材料）【名】材料 {P54}

재학（在学）【名】在读 {P74}

저축（贮蓄）【名】存钱，储蓄 {P104}

적령기（适龄期）【名】适龄期 {P30}

적성（适性）【名】性格，兴趣 {P39}

적응（适应）【名】适应 {P57}

적합하다（适合-）【形】适合，合适 {P45}

전기료（电气料）【名】电费 {P51}

전념하다（专念-）【他】专注 {P134}

전략（战略）【名】战略 {P128}

전문가（专门家）【名】专家 {P25}

전문직（专门职）【名】专职 {P134}

전염병（传染病）【名】传染病 {P120}

절약하다（节约-）【他】节约 {P105}

점검하다（点检-）【他】检查 {P66}

점잖다【形】斯文，稳重 {P9}

접수（接收）【名】接收 {P47}

접하다（接-）【他】接触 {P56}

정년（停年）【名】退休年龄 {P45}

정력（精力）【名】精力 {P60}

정신적（精神的）【名】精神上 {P35}

정중하다（郑重-）【形】郑重，严肃 {P14}

정체성（正体性）【名】认同感 {P37}

젖다【自】淋湿，打湿 {P158}

제네바（Geneva）【名】日内瓦 {P103}

제대（除队）【名】退伍 {P121}

조기（早期）【名】早期，初期 {P45}

조언（助言）【名】建议 {P21}

존중하다（尊重-）【他】尊重 {P35}

종교（宗教）【名】宗教 {P35}

종료（终了）【名】结束 {P52}

좌절（挫折）【名】挫折 {P169}

주거（住居）【名】居住 {P105}

주관하다（主管-）【他】主管 {P121}

주시하다（注视-）【他】注视，注目 {P52}

주유소（注油所）【名】加油站 {P26}

주차（驻车）【名】停车 {P19}

줄어들다【自】减少，缩减 {P24}

중립성（中立性）【名】中立 {P67}

쥐꼬리【名】老鼠尾巴 {P51}

즉시（即时）【副】立刻，立即 {P21}

지구촌（地球村）【名】地球村 {P37}

지급（支给）【名】支付 {P45}

지방（地方）【名】地方 {P45}

지불하다（支拂-）【他】支付 {P106}

지원자（志愿者）【名】申请人，应聘者 {P48}

지위（地位）【名】地位 {P160}

지적하다（指摘-）【他】指出，指点 {P127}

지출（支出）【名】支出 {P124}

지혜롭다（智慧-）【形】聪明，明智 {P108}

직장（职场）【名】职场 {P43}

직종（职种）【名】职业种类，职业 {P34}

질병（疾病）【名】疾病 {P145}

집단（集团）【名】集团，团体 {P126}

집세（-贯）【名】房租 {P104}

집중（集中）【名】集中 {P44}

표시（表示）【名】表示，表现 {P56}

풍경（风景）【名】风景 {P132}

피로（疲劳）【名】疲劳 {P147}

필수（必需）【名】必需，必要 {P30}

학벌（学阀）【名】学历 {P32}

학부모（学父母）【名】学生家长 {P126}

학창 시절（学窗时节）【名】学生时代 {P14}

한가하다（闲暇-）【形】清闲 {P138}

핥다【他】舔，舐 {P62}

합계（合计）【名】共计，合计 {P104}

합리적（合理的）【名】合理 {P121}

해군（海军）【名】海军 {P118}

해병대（海兵队）【名】海军陆战队 {P123}

해외（海外）【名】海外 {P45}

햇볕【名】阳光，日光 {P149}

향수병（乡愁病）【名】乡愁，思乡 {P37}

허풍（虚风）【名】吹牛 {P116}

헤어디자이너（hair designer）【名】发型设计师 {P15}

헤치다【他】解开，扒开 {P16}

헬스（health）【名】运动，健身 {P141}

현관문（玄关门）【名】大门 {P158}

현실적（现实的）【冠】现实的 {P7}

현장（现场）【名】现场 {P45}

현황（现况）【名】现状 {P40}

혈액형（血液型）【名】血型 {P10}

호박【名】南瓜 {P146}

호흡（呼吸）【名】呼吸 {P156}

혼란을 겪다 陷入混乱 {P37}

혼혈（混血）【名】混血 {P37}

화려하다（华丽-）【形】华丽 {P28}

화이트 데이（White Day）【名】白色情人节 {P127}

환불（换拂）【名】退货 {P64}

환율（换率）【名】汇率 {P108}

활동적（活动的）【冠】活跃的，好动的 {P6}

황당하다（荒唐-）【形】荒唐，不可理解 {P56}

황사（黄沙）【名】沙尘暴 {P128}

황소（黄-）【名】黄牛 {P12}

회색빛（灰色-）【名】灰色 {P138}

후천적（后天的）【名】后天 {P24}

훈련（训练）【名】训练 {P121}

휘발유（挥发油）【名】汽油 {P26}

휴학（休学）【名】休学 {P74}

희망하다（希望-）【他】希望 {P50}